넥 스 트
교사교육
시 리 즈

03

베이직

이해하고 관계를 맺다

넥 스 트
교사교육
시 리 즈

03

베이직

이해하고 관계를 맺다

초판 1쇄 발행 2026년 4월 1일

지은이 ㅣ 오경환

펴낸곳 ㅣ 나인프루츠 미니스트리
등 록 ㅣ 제 2025-000137호
주 소 ㅣ 경기도 성남시 수정구 수정로 316, 셀레스빌 701호
이메일 ㅣ church-edu@naver.com
전 화 ㅣ 031-8039-6999
팩 스 ㅣ 0504-296-2859

기획편집 ㅣ 넥스트교회교육원
디자인 ㅣ 희디자인 (heeyastory@kakao.com)

ISBN 979-11-996250-2-0 (03230)

넥 스 트
교사교육
시 리 즈

03

넥스트교회교육원 교사교육 교재 - 베이직 코스

이해하고 관계를 맺다

오경환

지음

NINEFRUTS
나인프루츠

추천사

일반적으로 교육에 세 가지 필수조건을 다음과 같이 꼽습니다. 첫째, 시설, 둘째, 교육의 내용, 그리고 셋째, 교사입니다. 그런 의미에서 〈넥스트 교사 교육 시리즈〉 귀한 책이 출간된 것을 진심으로 축하드립니다.

　기독교 교육의 전문가분들의 글들을 읽으면서 다른 교재나 책과는 분명히 다른 차별성이 있음을 감사하게 생각합니다. 균형 있는 복음의 내용과, 일관성 있는 주제, 대상에 맞는 적실성, 적용의 현실성 등이 차별 있는 교재라는 것을 확인합니다. 더욱 중요한 것은 이 교재를 실질적으로 다루어야 할 교사들에게는 매우 현실감 있는 교재가 될 것입니다.

■ 송태근 목사 (삼일교회 담임)

거의 모든 교회에서 교사가 부족하다 말합니다. 그것은 두 가지 의미인데 신입 교사가 부족한 것과, 기존 교사의 사역이 원활하지 않음을 의미합니다. 둘 다 교사를 양성하지 않았다는 뜻입니다. 교사로 자원하는 사람이 없기는 하지요. 하지만 적극적으로 발굴하고 양성하려는 노력이 더 강해야 합니다. 단 한 명의 후보생을 위해서라도 양성을 위한 교육과정을 준비해야 합니다. 기존 교사들이 더 유능해지는 것도 중요합니다. 유능한 교사는 교회학교 운영에서 부족한 대부분의 영역을 보완합니다. 소수의 유능한 교사로 구성된 교회학교가 아주 역동적으로 사역하는 경우도 있습니다.

넥스트교회교육원의 솔루션은 단 한 명의 지원자라도 효과적으로 양성할 수 있는 것이어서 모든 교회에 유익합니다. 한국 교회의 보물이라 할 수 있습니다. 또한 온라인 교육과정은 필연적으로 담임 목사 및 현장 사역 책임자의 개입이 더해져야 강력해집니다. 이번에 출간한 교재는 그러한 현장의 필요를 요긴하게 채워줄 것입니다. 현존 최강의 현장 사역자들이 집필하여 바로 적용할 수 있는 콘텐츠를 만나실 수 있습니다. 각 교회의 담임목사님, 사모님, 교육부서 리더들이 신입 및 기존 교사들의 교육을 위해 활용하면 좋은 결과를 맺을 것입니다. 그리고 이러한 노력이 각 교회별로 적어도 3년 이상 지속되기를 기도합니다. 3년 후에는 유능한 교사들이 부족함 없이 사역하는 현장을 만드실 수 있을 것입니다.

홍승영 목사 (아름다운 가지, 장지교회 담임)

현장은 순조롭지 않습니다. 시대도 아이들도 항상 변화합니다. 그러나 아이들에게는 당장 좋은 교육이 절실합니다. 교육은 기다릴 수 없습니다. 그래서 오랫동안 현장에서 가슴앓이하며 아이들과 뒹굴었던 저자들의 교재는 가뭄의 비 같은 귀한 선물입니다. 이번 〈넥스트 교사 교육 시리즈〉의 발간을 환영하고 축복합니다.

홍민기 목사 (라이트하우스무브먼트 대표, 브리지임팩트사역원 이사장)

갈수록 교회학교 현장이 어려워지고 있다. 특히 출산율 감소, 부정적 교회 이미지 확산, 프로그램의 매력 요소 상실, 전문성 부족으로 인해서 교회학교는 계속 마이너스 성장을 하고 있다. 특히 전문적인 사역자가 많이 부족하다는 부분을 귀담아들을 필요가 없다. 신학교에 가는 숫자도 많이 줄어서 과거 보다 더 교회학교 전문가가 없다고 한다. 이때 대안은 평신도 교사들이다. 한국 교회 안에는 유능한 교사들이 많이 있다. 때로는 담당 교역자 없이 홀로 1인 3역을 하는 헌신된 교사들이 많이 있다. 교회학교의 회복과 부흥을 위한 최고의 전략은 바로 평신도 교사를 교육 전문가로 양성하는 길이라고 확신한다.

이런 면에서 〈넥스트 교사 교육 시리즈〉는 교사의 전문성을 세우기에 안성맞춤이다. 교사들에게 필요한 모든 소스를 다 가지고 있는 시리즈다. 특히 각 단계별로 수준에 맞는 교육 자료를 제공하는 것이 매우 큰 장점이다. 또한 이 자료들은 매우 실천적이고 실제적이다. 그리고 집필진들이 현장성이 강하기에 현장에서 바로 적용하기에 적합한 자료이다.

〈넥스트 교사 교육 시리즈〉를 잘 활용한다면 탁월한 평신도 전문 교사들이 양성될 것이라 확신한다. 다시 한번 교회학교 부흥을 소망해 본다.

■ 이정현 목사 (청암교회 담임)

다음세대의 신앙은 결코 저절로 자라지 않습니다. 한 사람의 교사가 흘린 눈물과 기도, 그리고 사랑의 수고를 통해서만 아이들의 믿음이 세워집니다. 그렇기에 교사는 단순한 교육자가 아니라, 영혼을 말씀 위에 세우는 사람입니다. 〈넥스트 교사 교육 시리즈〉는 이러한 교사를 세우기 위한 탁월한 안내서입니다. 이 책은 '무엇을 가르칠까'보다 '어떤 교사가 될까'를 먼저 묻고, 교사의 정체성과 사명, 소통의 기술, 성경연구와 공과준비 등 핵심을 균형 있게 다루고 있습니다. 교사에게 부담을 더하는 책이 아니라, 하나님께서 주신 부르심을 다시 깨닫게 하는 책입니다. 다음세대를 세워가는 모든 교사들에게 이 책을 기쁜 마음으로 추천합니다.

■ 주경훈 목사 (오륜교회 담임)

교회교육에서 쉽게 빠지는 함정이 있다면, 교사는 이미 준비된 사람이라는 선입견입니다. 그래서 교사 교육을 간과하고 학생교육으로 직진하는 경향들이 있습니다. 하지만 교회교육에서 가장 중요한 것은 교육의 컨텐츠와 방법이 아니라, 그것을 가능케 하는 교사의 역량과 성품, 그리고 사명감과 정체성을 확립하는 교사 교육입니다. 목회의 현장에서 교사 교육의 필요성을 절감하면서도 늘 안타까웠던 것은 학생을 위한 교재가 아니라, 교사 훈련을 위한 교재가 빈약하다는 것입니다. 이런 현실 앞에 넥스트교회교육원에서 교사 교육 교재를 발간하게 된 것이 고맙고도 반갑습니다. 교재의 커리큘럼에는 내용의 전문성과 현실적 필요가 균형을 이루고 있습니다. 부디 많은 교회들이 이 교재를 사용하여 훌륭한 교사들을 발굴하고 훈련할 수 있기를 바랍니다.

■ **최병락 목사** (강남중앙침례교회 담임. 월드사역연구소 소장)

운동을 배우다 보면, 코치들이 가장 먼저 외치는 말이 있습니다. "제발 힘을 빼세요!" 몸에 밴 잘못된 습관과 방식을 내려놓아야 운동의 기본자세가 잡히기 때문입니다. 〈넥스트 교사 교육 시리즈〉는 '영혼을 살리는 교사'가 되기 위해 필요한 교사의 정체성, 소명·사명, 대화법과 교수법 등의 기초에서부터, 성경과 교리, 상담, 그리고 각 부서별 현장을 위한 사역연구까지 차근차근 체계적으로 접근하며, 교사가 복음 전수자이자, 진정한 선생으로 자리하도록 기본기를 탄탄하게 가르쳐 줍니다. 모쪼록 이 책을 통해 많은 교사들이 예수님의 삼중직(제사장, 선지자, 왕)을 따라 영혼을 살리는 교사로 세워지기를 진심으로 소망합니다.

■ **양성진 교수** (감리교신학대학교 기독교교육과)

교사 자체가 교육이라고 해도 과언이 아닙니다. 교회교육이 세상의 많은 것들과 경쟁해야 하는 상황이기에 가르침으로의 부르심과 신앙, 교사라는 분명한 자기 정체성을 가진 교사 한 분 한 분이 더 중요해졌습니다. 세월이 가도 문화가 변해도 교사의 역할과 책임은 변하지 않습니다. 부르심이 변하지 않기 때문입니다. 이 교재가 다시 한번 선생님들을 부르심과 정체성 앞에 서게 할 것입니다. 부디 선생님에게 변화가 있기를 선생님의 변화를 통해 다음세대가 변화될 수 있기를 간절히 소망합니다.

■ **신승범 교수** (서울신학대학교 기독교교육과)

교회 교육 현장은 지금 '넥스트' 세대를 향한 명확한 비전과 실천적인 역량을 갖춘 교사를 간절히 기다리고 있다. 이러한 시대적 부르심에 응답하여 출간된 〈넥스트 교사 교육 시리즈〉는 단순한 지식 전달을 넘어, 복음으로 영혼을 변화시키는 사명을 품은 교사를 세우는 데 그 핵심 목표를 두고 있다. 이 시대의 교회 교육을 다시 세우길 원하는 모든 이에게 이 필독서를 강력히 추천한다.

■ **박성은 목사** (교회교육 리더십센터 대표, 전, 파이디온선교회 대표)

"기독교사 없이는 기독교 교육도 없다"고 말한다. 이는 기독교 교육은 올바른 신앙적 정체성을 가지고 있는 교사가 하나님의 부르심에 신실하게 응답하면서 시작되는 것이기 때문이다. 그리고 하나님의 소명에 반응하면서 기독교사에게 맡겨진 사명을 온전하게 감당하기 위해서는 그에 합당한 역량을 구비해야만 한다. 이런 의미에서 본 〈넥스트 교사 교육 시리즈〉는 교사의 정체성을 다시 한번 고취시키고, 교사로서의 소명과 사명을 재확인하며, 교사가 갖춰야 하는 기본적인 교육 실무역량을 구비하도록 돕는 유익한 안내서라 할 수 있습니다. 바라기는 이 교재를 활용하여 교회학교에서 섬기시는 교사들이 하나님께서 기뻐하시는 기독교사로 새롭게 거듭나기를 소망합니다. 그리고 이 책을 통해 첫사랑을 잊었던 영혼 가운데 새 생명의 싹이 새롭게 움트기를 기대해 봅니다.

■ **이종민 교수** (총신대 기독교교육과)

교회학교의 사명은 단지 프로그램을 운영하는 데 그치지 않고, 다음세대의 영혼을 살리는 교육 사역을 감당하는 데 있습니다. 이 사명을 이루기 위해서는 뜨거운 열정과 더불어 전문적이고 건강한 가르침의 역량이 반드시 필요합니다. 이러한 때에 교사들을 위한 〈넥스트 교사 교육 시리즈〉가 출간되었다는 소식은 큰 감사와 기대를 안겨줍니다.

이 교재는 교사들이 교사로서 반드시 갖추어야 할 기본 역량을 체계적으로 배울 수 있도록 '기초역량코스', '베이직코스', '사역연구코스'의 3단계 총 14권으로 구성되어 있습니다. 〈넥스트 교사 교육 시리즈〉를 통해 많은 교사들이 다시 한번 '왜 가르치는가'라는 본질적 질문 앞에 서게 되고, 동시에 '어떻게 가르칠 것인가'에 대한 실제적 능력을 갖추게 되리라 믿습니다.

귀한 시간과 헌신으로 내용을 집필해 주신 모든 집필자님들께 깊은 감사와 존경을 전합니다. 이 교재가 한국교회 교회학교 모든 선생님들에게 사역의 기쁨과 보람을 회복시키는 귀한 선물이 되기를 확신하며 기쁨으로 추천합니다.

▌ 권진하 대표 (평생교육학 박사, 교회교육훈련개발원)

〈넥스트 교사 교육 시리즈〉가 출판됨을 진심으로 축하드립니다. 이 책은 교사 개인보다 부서의 교사 공동체가 함께 읽으며 교사의 정체성과 사명, 가르치고 양육함에 실제적 실천 사항을 알려주며 건강한 교사, 건강한 교회학교를 세워가는 데큰 도움이 되는 책입니다. 또한 말씀안에서 믿음을 세우며 핵심을 알려주는 교사교육의 정석이라 말할 수 있습니다. 교사라면 한 손에 성경을, 한 손에 이 책을 들고 읽고 실천하며 교회에 부흥의 선도자가 되기를 소망합니다.

▌ 한민수 목사 (불로교회 담임, 어사연 대표)

교사의 가슴에 다시 소명의 불을 지피다! 다음 세대의 위기 속에서도 교사는 여전히 교회의 희망입니다. 〈넥스트 교사 교육 시리즈〉는 교사의 흔들리지 않는 신앙 정체성과 소명, 그리고 현장에 필요한 소통과 교수법까지 교사에게 꼭 필요한 기초 역량을 균형 있게 담아낸 수작입니다. 이 책은 단순한 교육 매뉴얼을 넘어, 우리 선생님들이 '영혼을 살리는 교사'로서의 뜨거운 가슴을 회복하도록 돕습니다. 다음 세대를 그리스도께로 인도하기 위해 애쓰는 모든 선생님께 이 책이 든든한 영적 나침반이자 실천적 길잡이가 되어주리라 확신하며 기쁘게 추천합니다.

▌ 김형석 목사 (서울 지구촌교회 담임)

들어가며

우리가 마주하는 모든 아이들은 '교육의 대상' 이전에 '하나님의 형상'(Imago Dei)으로 존중받고 귀중히 여김 받아야 할 보배로운 '사랑의 대상'입니다. 하나님께서는 각 사람을 매우 독특하고 특별한 방식으로, 주님의 나라와 영광을 위해 세심하게 디자인하셨습니다. 우리의 기질, 성향, 성격 그리고 성품에는 각기 다양한 모습의 아름다움이 깃들어 있습니다. 하나님은 발달의 변화와 성장의 과정을 통해 우리와 우리 자녀의 모습을 아름답게 빚어 가시며 그리스도의 '형상'을 회복하여 담아내는 그릇으로 형성해 가십니다.

교회학교 교사는 각각 독특한 모습으로 지음 받은 '하나님의 형상'을 섬기고 가르칠 수 있는 영광스러운 자리이자 특권입니다. 오늘날처럼 마음이 상하고 지친 피로 사회에서 한 사람을 온전히 이해하기란 쉽지 않은 도전입니다. 그럼에도 불구하고, 그리스도 안에서 회복되어야 할 '하나님의 형상'을 소망하고, 기대하며 직분을 충성되게 감당하는 교회학교 교사가 오늘날 절실히 필요합니다.

교사로서 한 영혼을 감당하기 전 물어야 할 중요한 질문이 있습니다. 그것은 나에 대한 온전한 이해, 정체성(Identity)이라고 할 수 있습니다. 교사의 건강한 자기이해는 온전하게 아이들을 이해하기 위한 출발점이 됩니다. 먼저 교사로서 영적, 정신적, 정서적, 육체적, 관계적으로 건강해야 더 깊이 이해할 수 있습니다. 즉 자신의 발달 단계와 수준, 성격과 기질, 성향과 성품을 전인적으로 먼저 이해하고 아이들에 대한 이해로 넘어가는 것이 순서입니다.

본 교재는 단순히 아이들을 이해하고 분석하는 심리학 교재나 교육학 교재가 아닙니다. 하나님의 형상으로서의 인간을 온전히 이해하고 건강한 관계를 맺는 지혜를 발견하는 것이 본 교재의 목적입니다. 신앙의 형성과 성숙은 단순한 지식 전달을 넘어, 상호 간의 신뢰가 있는 건강한 관계 속에서 만들어지는 과정이자 그 열매입니다. 따라서 교사는 하나님의 마음으로 아이의 발달 수준과 성향, 기질, 성품, 관계적 필요와 정서적 욕구를 잘 읽어 내는 눈을 가져야 합니다. 이해는 관계의 시작이며, 관계는 변화의 통로가 됩니다.

▌ **저자 오경환 교수** (총신대학교 기독교교육과)

기초역량 코스

구분	순번	도서명	저자	주제
기초 역량 코스	1	나는 영혼을 살리는 교사입니다	정석원 목사 이재영 교수 김성중 교수 김민철 목사	신앙정체성과 신앙생활 / 교사의 부르심과 해야할 일 / 교회교육의 이해 / 소통과 대화법 / 성경 연구방법과 교수법

베이직 코스

구분	순번	도서명	저자	주제
베이직 코스	2	나를 보는 시선, 자아상	박하승 대표	나를 보는 시선, 자아상 / 하나님의 시선 / 신앙정체성과 소명
	3	이해하고 관계를 맺다	오경환 교수	발달의 이해 / 기질 성향의 이해 / 관계 맺기
	4	교리를 가르치다	김성중 교수	삼위일체 하나님 / 복음 / 성경 / 교회 / 십계명 / 사도신경 / 주기도문 / 세례와 성찬

사역연구 코스

구분	순번	도서명	저자	주제
사역 연구 코스	5	성경 연구와 교수법	고상섭 목사	성경연구 / 교수법
	6	영유아부 사역연구 1	이재영 교수	영유아부 사역이해 / 오감활동 / 오감활동실제 / 예배기획 / 소그룹활동
	7	영유아부 사역연구 2	이재영 교수	부모가정관계사역 / 부모교육 및 새가족반운영 / 영유아 놀이지도법 / 발달특성 및 문제행동 코칭
	8	유치부 사역연구 1	윤가영 전도사	유치부사역의 이해 / 발달심리의 이해 / 소통과 관계맺기 / 소그룹 반목회 / 공과준비와 진행
	9	유치부 사역연구 2	우주랑 목사	프로그램활동과 전도 / 부모가정관계사역 / 성경동화 및 손유희 / 환경구성 교구교재활용
	10	유초등부 사역연구 1	유지혜 전도사	유초등부 사역의 이해 / 발달심리의 이해 / 소통과 관계맺기 / 프로그램 활동과 전도 / 복음제시
	11	유초등부 사역연구 2	박혜신 목사	심방과 아동상담 / 소그룹 반목회 / 공과의 준비와 진행 / 공과진행 실제
	12	청소년부 사역연구 1	정석원 목사	청소년부 사역의 이해 / 청소년 발달심리이해 / 청소년문화와 비행연구 / 소그룹 반목회 / 소통과 관계맺기
	13	청소년부 사역연구 2	최창수 목사	복음제시 / 청소년 성교육과 이성교제 / 학업과 진로 상담 / 공과의 준비와 진행 / 공과진행 실제
	14	교사 상담 아카데미	김세영 교수 양서연 박사 이재연 대표	기독교상담의 이해 / 아동상담의 이해와 상담기법 / 청소년상담의 이해와 상담기법 / 발달장애의 이해

* 기초역량코스 1권, 베이직코스 3권, 사역연구코스 10권, 총 14권
* 교사 1인 총 교재 수 : 총 8권 (기초역량코스 1권 + 베이직코스 3권 + 사역연구코스 4권)

차례

1과

발달(성장)의 이해

우리 아이의 '세상'은 어떻게 자라나고 꽃피울까요?

"아이들은 어떻게 자라나고 성장할까?"라는

발달 단계를 이해하면 아이의 '이상 행동'조차도

'자연스러운 성장'으로 보입니다.

아이가 바라보는 세상을 발달의 관점에서 이해하고

각 개인의 독특성과 개별성, 특별함을 이해할 수 있는

교사로 우리 또한 자라나기를 기대합니다.

1. 성경적 관점을 통해 인간의 발달을 전인적으로 이해하고 아이를 '하나님의 형상'으로 존중하는 태도와 마음을 기른다.

2. 아이의 행동을 문제로 보지 않고, 성장의 표현으로 해석하며 이해할 수 있는 시각을 기른다.

3. 발달의 개념과 의미를 이해하고, 아이의 행동과 말, 그리고 태도를 발달 단계의 관점에서 해석할 수 있다.

4. 가르치는 아이의 발달 단계를 진단하여, 각 발달의 수준에 적합한 내용과 방법으로 가르칠 수 있는 역량을 함양한다.

5. 현재 교사 자신의 발달 수준을 이해하고, 아이와의 건강한 관계 맺음을 향한 출발점을 마련한다.

본 장에서는 발달에 관한 개념과 의미, 단계와 수준을 이해하도록 합니다. 이를 위해 교사는 아이에 대한 종합적이고 전인적 이해를 갖춘 지식이 필요합니다. 동시에 내가 현재 가르치는 아이의 말과 행동, 태도와 모습을 주의 깊게 관찰하면, 아이마다 다른 성향과 기질, 성격을 파악해 보도록 합시다. 배운 내용을 통해 실제 각 개교회에서, 내가 맡은 아이를 대상으로 교회 교육에서 실천 및 적용해 보도록 합시다.

발달이란 무엇인가요?

Q "나는 평소에 '발달'에 대해 이렇게 생각했어요." 발달에 대해 머릿속에서 생각나는 대로 적어 보세요.

1) 발달은 '변명'이 아니라 '지도'(map)다.

발달(Development)은 인간이 태어나면서 죽음에 이르기까지 전 생애에 걸쳐 일어나는 신체적, 정서적, 심리적, 사회적, 관계적인 영역에서 지속적인 변화와 성장의 과정을 말합니다. 발달(성장)은 신체적 성장뿐 아니라 인지, 정서, 지능, 사회성, 도덕성, 신앙 등이 통합적으로 변화하는 과정입니다.

학문적으로는 '유전적 요인'(타고난 가능성)과 '환경적 요인'(배우고 경험하는 것)이 상호작용을 하며 일어나는 지속적인 변화라 볼 수 있습니다. 아이의 행동을 단순한 '변명거리'로 삼는 것이 아니라 현재 아이가 어디 단계와 수준에 있는지를 보여주는 '성장의 지도'(map)로 이해해야 합니다.

2) 성경적 · 기독교적 세계관 정의 :
발달(성장)은 하나님의 형상(Imago Dei)을 빚는 과정이다.

성경적 세계관에서 발달은 '하나님의 창조 질서' 안에서 이뤄지고 계획된 생명의 질서입니다. 시편 139:13에서 저자는 이렇게 고백합니다. "주께서 내 내장을 지으시며 나의 모태에서 나를 만드셨나이다." 모든 사람은 하나님의 형상을 빚어가야 할 책임과 소명이 있습니다.

또한, 누가복음 2장 52절에서 "지혜와 키가 자라가며 하나님과 사람에게 더욱 사랑스러워 가시더라"고 예수님의 모습을 기록하며, 발달은 전인격적(영적, 지적, 신체적, 관계적)으로 성장하고 성숙해 나가는 과정임을 보여 줍니다.

즉, 발달은 하나님의 선하신 계획과 섭리에 따라 성장과 성숙을 통해 하나님의 형상이 회복되도록 하나님이 빚어 가시는 자연스러운 과정입니다. 교사는 하나님이 심어 놓으신 성장의 씨앗이 아름답게 꽃피울 수 있도록 환경을 조성하고 발달을 돕는 동역자로 부름 받은 사람이라는 것을 기억하십시오.

Q "솔직히 우리 반 친구 중에 이런 행동, 말, 태도를 보이는 아이가 잘 이해가 가지 않아요"
라고 생각되는 예시가 있다면 구체적으로 적어 보고, 왜 이해가 가지 않는지도 간략하
게 적어 보세요.

Q 교사에게 발달을 이해하는 것이 중요한 이유는 무엇이라고 생각합니까?

왜 발달(성장)이 중요한가요?

1) 교육적 관점에서 발달(성장) 이해가 중요한 이유

» 발달은 　　　　　　　　　　　　　　　　 이기 때문입니다.

어린 자녀들은 예배 시간이 갑자기 일어나거나 말을 크게 하거나 소리를 지르기도 합니다. 단순히 예의 없고 집중력이 약하며 참을성이 없기 때문일까요? 아닙니다. 이 시기 아이들은 신체 발달이 활발해서 에너지와 운동 능력이 빠르게 자라고 있기 때문에 아직 미숙할 뿐입니다. 발달을 이해하면 '문제 행동'이 아니라 '발달 과정의 자연스러운 모습'이 보이기 시작합니다. 발달 지식은 교사가 아이를 판단하지 않고 이해할 수 있게 도와주는 도구가 됩니다. 답) '행동을 해석하는 렌즈'

» 발달 단계에 맞지 않는 　　　　　　 는 　　　　　　 를 줍니다.

7살 자녀에게 "너는 왜 이렇게 책임감이 없니?"라고 말한다든지, 초등학생 저학

년 자녀에게 "너는 하나님의 공의가 무엇인지 설명할 수 있니?"라고 물어보는 것이 적절할까요? 이 시기 아이들은 아직 추상적 개념(책임감, 정의)을 제대로 이해하기 어렵습니다. 피아제(Piaget)의 인지발달 이론에 따르면, 7~11세는 '구체적 조작기'로 직접 보고 경험한 것을 통해 논리적으로 사고하기 시작하는 시기이기 때문입니다. 발달 단계를 잘 이해하지 못한다면, 아이를 비난하거나 판단하게 되고 때로는 아이에게 불가능한 것을 요구할 수도 있습니다. 이는 아이의 성장과 발달에 있어 오히려 좌절과 열등감, 상처만 줄 수 있습니다. 답) '기대', '상처'

》 효과적인 교육은 발달에 기초합니다.

교육학의 기본 원리 중 '발달 적합성'(Developmentally Appropriate Practice)라는 개념이 있습니다. 6살 아이에게 '하나님의 절대주권'이란 신학 개념을 설명하거나, 15살 청소년에게 동화책 수준의 성경 이야기만 들려주면 효과를 기대하기 어렵습니다. 좋은 교육은 학습자가 ______________________에서 출발하여 ______________로 인도하고 안내하여 성장과 발달을 이끌어내는 것입니다. 그러므로 적절하고 실효성 있는 교육을 위해서는 발달을 이해하는 것이 중요합니다. 답) '현재 서 있는 발달 지점', '다음 단계'

》 발달은 ______________를 존중하게 합니다.

발달에는 순서와 방향이 있지만, 속도나 수준은 개인마다 다를 수 있습니다. 조금 늦을 수 있고 조금 더 빠를 수 있습니다. 그러나 방향이 맞다면 속도는 조금 느려도 전혀 문제가 되지 않습니다. 따라서 발달을 이해하면 '성장의 가능성'이 보입니다. 또한, 각 연령대의 신체적, 인지적, 정서적, 사회적 특성을 이해하면 현재 이해 수준과 관심사에 맞는 교육 내용과 방법을 적절하게 실행할 수 있는 개별화된 맞춤 교육을 시행할 수 있습니다. 결과적으로 개인의 발달 차이를 이해하면 비교와 경쟁이 아니라, 각자 개인의 개성, 특별함, 독특성을 이해하고 존중할 수 있는 교사가 될 수 있습니다. 답) '개인차'

Q 발달에 긍정적 영향을 줄 수 있는 요소들은 무엇이며, 그것이 어떤 결과로 이어질 수 있을까요?

Q 발달에 부정적 영향을 줄 수 있는 요소들은 무엇이며, 그것이 어떤 결과로 이어질 수 있을까요?

2) 성경적 관점에서 발달(성장)이 중요한 이유

» 그리스도의 장성한 분량에 이르기 위해서입니다.

성경은 모든 성도가 ________________________________

____

____

__________________________ (엡 4:13)라고 말합니다.

신앙 성장의 궁극적 목표를 제시합니다. 교사는 이 성숙의 여정에서 아이를 그리스도의 제자로 삼아 성장에 이르도록 돕는 사명자입니다. 따라서 **교사는 현재 아이가 어느 발달 단계인지, 다음 단계에 이르기 위해 무엇이 필요한지**(지식, 믿음, 인격 등)**를 잘 파악해야 합니다.**

» 양육자에게는 말씀을 지혜롭게 전할 책임이 있습니다.

성경은 디모데후서 3장 16~17절에서 ________________________

____

____

__________________________ 라고 말합니다.

교사는 천하보다 귀한 한 명의 영혼을 하나님의 온전한 일꾼으로 세우기 위해 이 말씀이 각 아이의 발달 단계에 따라 어떤 방식으로 가장 잘 이해되고 적용·실천될 수 있을지 고민해야 합니다. 말씀이라는 절대적인 진리를 상대적인 발달 단계에 맞추어 지혜롭게 전달할 책임이 교사에게 있습니다.

》 교사는 '하나님의 동역자'입니다.

사도 바울은 고린도전서 3장 6~7절에서 이렇게 말합니다.

____

____

____

____

교사는 아이를 '변화시키는' 것이 아니라, 하나님께서 자라게 하시고, 변화하게
하시는 과정을 '돕는 동역자'입니다. 발달을 이해한다는 것은 내가 할 일(적절한
교육 환경 제공, 발달단계에 맞는 수준별 학습 제공)과 하나님이 하실 일(성령의 역동적 역
사, 실제적 성숙과 변화)을 분별할 줄 아는 것입니다.

발달(성장)의 이해를 돕는 발달이론 이야기

1) 피아제의 인지발달 이론 (Theory of Cognitive Development)

스위스의 발달 심리학자인 장 피아제(Jean Piaget)는 "아이들은 어떻게 생각하는가?"라는 질문을 두고 인간 발달을 '인지발달'의 관점에서 바라보았습니다. 인지발달이란 아이가 세상을 이해하고 사고하는 능력이 성장과 경험을 통해 점진적으로 변화하는 과정을 말합니다.

피아제는 아이를 단순히 '비어 있는 그릇'이 아니라 '작은 과학자'라고 부르며 아이는 스스로 세상을 탐색하고, 보고, 듣고, 만지며, 그 속에서 의미를 만들어 간다고 보았습니다. 즉, 배움은 주입이 아니라 탐색을 통한 구성이며, 교사의 역할은 '탐구와 발견의 길을 옆에서 인도하는 길잡이이자 안내자'입니다.

피아제는 이러한 인지발달을 질적으로 다른 사고 체계를 보이는 네 단계로 구분했으며, 교회학교 교사 역시 아이의 '인지적 그릇' 크기에 적절한 신앙의 수준과 단계에 따라 진리를 가르쳐야 합니다.

단계	나이(대략)	사고 특징	교회 교육 적용
감각 운동기	0~2세	• 손·입·감각으로 세상을 탐색	**유아실·영아부** • 노래·색깔·움직임, 활동 중심 • 반복 / 감각 경험 • 안전 및 신뢰의 교회 교육 환경 조성

전조작기	2~7세	• 언어가 발달
		• 상상력 풍부
		• 논리보다는 감정·정서 중심
		• 자기중심적 사고
			유치부
			• 인물 또는 사건 이야기 중심,
			  눈으로 보이는 그림·모형·율동 예배 /
			  역할놀이 / 그림 그리기 / 상징사용 /
			  구체적 언어 사용

구체적 조작기	7~11·12세	• 타인의 관점 이해 시작 • 실제 경험과 사례로 사고	**초등부** • 성경 상황극, 역할놀이, 실물 예화 (씨앗 심기, 나눔 상자 만들기 등)

형식적
조작기
	12세 이후	• 추상적·가설적 사고,
		  논리적 사고 및 질문 가능
			중·고등부
			• 토의 및 토론형 공과, '왜?'를 묻는 말,
			  일상성, 사회적 이슈와 신앙의 연결

》 교회학교 교사의 적용 및 실천

성장의 신호입니다. 인식과 사고가 확장되고 자라나는 과정입니다. 좋은 질문은 최대한 격려하고 사고를 확장시켜 주세요.

유아와 초등생 아이에게 단순히 기독교를 정보 또는 교리로 설명하지 말고, 이야기 형태로 들려주세요. 초등생 아이에게는 '이야기 속 행동'을,

청소년에게는 '이야기 속 의미'를 들려주세요.

피아제는 아이가 틀릴 때 가장 많이 배우는 시기라고 했습니다. 틀릴 수 있는 안전한 공간, 실패해도 격려하고 다시금 시작할 수 있는 신뢰의 공간을 만들어 주세요.

피아제는 아동과 환경이 상호작용을 하며 지식을 구성하고 배운다고 했습니다. 교회 교육을 단순한 강의식이 아니라 열린 질문과 토론, 다양한 활동을 통해 스스로 성경적 진리를 발견하고 깨우쳐 가는 '능동적 참여 환경'을 제공해 주세요.

2) 에릭 에릭슨(Erik Erikson)의 심리 · 사회적 발달 이론
(Erikson's Psychosocial Development Theory)

에릭슨은 "사람은 평생 성장한다"라고 말하며, 발달을 자신과 세상을 바라보는 마음이 성숙해지는 여정으로 이해했습니다. 특히 인간은 평생에 8가지 발달 단계를 거친다고 보았으며, 각 단계는 사회적 상호작용을 통해 해결해야 할 '사회-심리적 과제'가 있다고 말했습니다. 에릭슨의 이론은 교사가 아이 개개인을 전인적으로(신체적, 정서적, 사회적 맥락) 이해하고, 각 발달 단계에 적합하게 돌봄과 격려를 하며 정서적 안정과 신앙 성장을 돕는 길을 제공하는 데 유용합니다.

단계	나이	심리 · 사회적 위기	성취 해야할 덕목	교회 교육 적용
1 단계	0~1세	기본적 신뢰 VS 불신 (세상은 안전한가?)	소망 (Hope)	**기초 신앙의 뿌리** • 부모(혹은 교사)의 일관성 있는 돌봄이 세상을 신뢰할 수 있는 곳으로 인식 하게 함 • 하나님의 신실하심에 대한 최초의 감각적 · 정서적 토대가 됨
2 단계	1~3세	자율성 VS 수치심 / 의심 (스스로 해보려는 의지)	의지 (Will)	**선택의 자유** • 아이들이 '내가 할 수 있다'라는 주도적인 경험을 격려 • 신앙 활동(예 : 헌금함에 넣기, 기도 선택)에 서 자율성을 주어 하나님 앞에서 스스로 행동하는 능력을 키우기
3 단계	3~6세	주도성 VS 죄책감 (새로운 일에 도전하고 탐색)	목적 (Purpose)	**하나님 나라의 일꾼** • 신앙 활동에 적극적으로 참여하도록 기회를 제공(예 : 예배 시 역할 참여) • 실패하더라도 용납하고 격려하기, 주도적인 신앙 행위가 죄책감으로 연결되지 않도록 지도하기
4 단계	6~12세 (초등부)	근면성 VS 열등감 (노력하면 성취 가능)	능력 (competence)	**신앙의 실력** • 성경 지식, 암송, 찬양, 봉사 등에서 노력의 결과를 칭찬하여 '하나님의 능력 있는 자녀'라는 인식을 심어줌 • 또래와의 협력을 통해 공동체 안에서의 자신의 유능함(관계 맺음)을 발견하게 하기
5 단계	12~18세 (청소년)	정체감 VS 역할 혼란 ('나는 누구인가'에 대한 물음)	성실 (Fidelity)	**신앙 정체성 확립** • '나는 그리스도인으로서 누구인가?' 라는 질문에 답을 찾을 수 있도록 돕기 • 세상의 가치관과 신앙적 가치관 사이 의 갈등을 성경적 세계관을 통해 가르치고 삶의 소명을 탐색하도록 지도하기

단계	나이	심리·사회적 위기	성취 해야할 덕목	교회 교육 적용
6 단계	18~30대 (청년, 성인 전기)	친밀감 VS 고립 (깊은 관계 형성)	사랑 (Love)	**깊은 관계 맺기** • 소그룹이나 공동체 활동을 통해 진정한 우정과 친밀감을 경험하게 하기 • 하나님과 깊은 교제를 통해 고립감을 극복하고, 타인과 건강한 사랑의 관계를 맺는 훈련을 제공하기
7 단계	40~50대 (중년, 성인 중기)	생산성 VS 침체성 (다음 세대 돌봄)		**교사 자신** • 후배 교사 양육 및 모델이 되기 • 아이들에게 '모범적인 신앙인'으로 살아가기
8 단계	60세 이후 (노년, 성인 후기)	통합 VS 절망 (삶의 의미 되돌아봄)		**시니어 교사** • 신앙 여정의 간증자로서 후대에 믿음 전수하기

》 교회학교 교사의 적용 및 실천

각 단계 '심리·사회적 과제' 이해하기

교사는 아이의 연령과 발달 단계를 충분히 고려하고 그 시기에 적합한 정서적, 영적, 관계적 요구를 존중하고 지지해야 합니다.

관계는 발달의 통로

교사는 신뢰와 사랑, 안전과 안정을 제공함으로 관계를 통해 발달(성장)을 돕는 사람입니다. 신뢰가 깨지면 배움이 닫히고, 신뢰가 쌓이면 신앙이 쑥쑥 자랍니다.

정체성 교육이 곧 신앙 교육

'나는 하나님의 보배요 걸작품'이라는 그리스도의 자녀 됨에 대한 분명한 이해가 필요합니다. 신앙 공동체 안에서 정체성을 온전하게 형성하도록 '존재의 가치'를 깨달을 수 있게 지도하고 인도해야 합니다.

교사 자신도 발달 중

에릭슨은 성인기 이후에도 사람은 발달하고 성장한다고 이해했습니다. 교사 역시 아이와 함께 자라나고 배우고 성장하는 사람이라는 것을 기억해야 합니다.

평생 신앙 교육 형성

교회는 각 생애주기에 맞는 신앙 발달 단계별 교육 체계를 이해하고 성숙한 그리스도인의 모습을 형성하기 위해 교육 프로그램을 제공해야 합니다.

실천하기

» **개별성 존중** : 아이들 각자의 독특한 발달 속도와 성향을 존중하고 그에 맞는 교육 계획을
세워 봅시다.

» **자기 이해** : 교사 또한 지속적으로 자신의 정서적, 정신적, 영적 건강을 점검하며 자신의
발달 수준과 단계를 살펴봅시다.

1) 발달 지도(Map) 그리기

Q 지금 마음에 떠오르는 2~4명의 아이들 이름을 적어보세요.

Q 각 아이들의 특징을 **구체적으로 적어보세요.** (무엇에 민감한가요? 어떤 것에 반응하나
요? 감정과 정서를 잘 표현하나요? 요즘 관심사가 무엇인가요? 어떤 고민이 있나요?)

2) 맞춤 교육 계획

같은 진리를 다르게 전해보는 활동입니다.

예 : 하나님의 사랑

초등학생에게는 설명보다는 이야기, 그림, 활동이 더 효과적입니다. 청소년들에게는 질문과 토의, 자기 생각 표현과 이해가 중요합니다. 같은 진리라 할지라도 아이들이 잘 배울 수 있는 효과적 방법으로 전달해야 합니다. 내가 현재 아이들에게 맞춤형 교육을 실시하고 있는지 생각해 보고, 이를 실천할 수 있는 지혜와 방법을 한 가지씩 적어 보세요.

3) 관계 맺기 미션

**에릭 에릭슨의 이론에서 아이의
발달 과제를 통해 관계를 맺어 봅시다.**

예 : (에릭슨표 4단계) 초등학생-근면성 vs 열등감, 청소년-정체성 vs 역할 혼란

1. 초등학생에게는 신앙생활에서 작은 성취를 경험할 수 있는 활동을 제시해 주세요. (예 : 한 주간 감사 세 가지 기록하기, 주일설교 들은 후 한 문장 요약 발표, 찬양 인도 보조, 성경 암송 한 구절 등) 이에 따른 구체적인 칭찬멘트(노력, 태도, 성장을 중심으로)를 준비하여 이를 잘 표현해 주세요.

2. 청소년에게는 정체성 탐색 활동을 함께 해보도록 합시다.

[자기 서술 카드 작성해 보기] "나는 어떤 사람이라고 생각해?"

[신앙 인터뷰 실시하기] "내가 하나님께 가장 많이 묻는 질문은?" "신앙에 대해 요즘 제일 많이 하는 고민은?" "내가 닮고 싶은 신앙인은 누구인가, 그리고 그 이유는?"

단순한 정답 제시가 아니라 그리스도 안에서 자신의 정체성을 탐색하며 자아를 찾아나가는 활동이어야 합니다. 이 과정에서 교사는 아이를 비교와 평가가 아니라 존재를 긍정하고 인정하며, 충고보다는 적극적 경청과 공감을 해야 합니다. 이를 통해 교사와 아이 간의 관계가 형성되며 또한 동시에 아이가 신앙적으로 성장할 수 있는 발판이 만들어집니다.

교사는 아이의 성장 과정을 섬기는 '하나님의 동역자'이며, 자신 또한 계속해서 성장하며 성숙해 나가는 존재임을 인정하는 겸손이 필요합니다. 발달의 다양한 모습과 과정을 이해하고 한 명의 영혼을 사랑하고 존중하고 존귀하게 여기는 것이 건강한 관계, 변화를 향한 첫걸음입니다.

교사에게 가르치는 테크닉(Techinique)과 스킬(Skill)보다 더 중요한 것은 아이를 바라보는 나의 태도와 관점입니다. 우리는 연약하고 부족한 교사이지만 우리보다 더 온전하고 완전한 교사인 성령 하나님이 우리와 함께 이 사역을 돕고 있습니다. 성령께서 변화시키지 못할 영혼은 없습니다. 한 영혼의 성장과 변화에 대한 믿음이 오늘날 반드시 회복되어야 합니다.

아이의 신앙과 인격이 아름답게 자라도록 돕는 귀한 사명을 충실히 감당하는 교사가 되길 응원합니다!

1 본 장을 통해 새롭게 이해하고 깨닫게 된 내용이 있다면 적어 보세요.

2 이해가 어려웠던 반 아이의 사례를 발달 관점에서 살펴 본다면, 그 행동은 어떻게 해석하고 이해할 수 있을까요?

3 아이들과 신뢰와 사랑이 담긴 관계를 맺기 위해 내가 지금 교회에서 할 수 있는 구체적 행동은 무엇인가요?

기질 및 성향(성격)의 이해

하나님이 디자인하신 고유한 무지개 색깔

"왜 같은 말을 하여도 어떤 아이는 웃고, 어떤 아이는 울까요?"

"왜 어떤 아이는 활발하지만,

어떤 아이는 소극적이고 내성적일까요?"

기질은 하나님이 우리에게 주신 독특한 설계 도면과 같습니다.

사람마다 성향과 성격도 다 다르지만 틀린 아이는 없으며

다른 아이만 존재할 뿐입니다. 교사의 역할은 아이의

고유한 빛깔을 발견하고, 그 색깔이 가장 아름답게

빛날 수 있는 교육 환경과 여건을 조성하여 각 개인의

독특함 속에서 온전하게 성장하도록 돕는 것입니다.

목표

1. 기질과 성향, 성격의 기본 정의와 차이점을 명확하게 이해하고 설명할 수 있다.

2. 각 아이의 기질과 특성을 파악하고, 그것을 '문제'가 아니라 '하나님이 주신 독특한 디자인'으로 존중하는 태도를 함양한다.

3. 교사 자신의 기질과 성격을 성찰하고 나의 강점과 단점을 이해한다.

4. 다양한 기질과 성향이 있는 아이와 건강하게 관계 맺으며 적절하게 교육할 수 있는 균형 잡힌 교육을 실천할 수 있는 역량을 함양한다.

5. 신앙의 관점에서 기질의 다양성을 해석하고, 서로 다른 성향도 교회 공동체에서 조화롭게 관계 맺으며 성장할 수 있음을 깨닫고, 각기 다른 다양성은 하나님의 선물임을 인식한다.

안내

교사가 학습자에게 영향력 있는 변화를 일으키기 위해서는 학습자에 대한 선이해가 필수적입니다. 분명한 사실은 모든 아이들이 다 각기 다른 기질과 성향, 성격이라는 것이며 이는 매우 독특한 무지개 고유의 빛깔이라는 것입니다. 이 장에서는 아이들을 더 잘 가르치기 위해서 개개인에 대한 다양한 특성과 특징을 자세히 살펴보도록 합시다. 또한, 나의 기질과 성격, 성향을 돌아보아 내 강점과 장점을 발견하고 이를 통해 잘 가르치는 교사가 될 수 있는 지혜를 얻어 봅시다.

기질, 성향, 성격 : 하나님이 디자인하신 도화지에 멋진 그림을 그려 넣는 도구

먼저 기질과 성향, 성격에 대해 간단한 예시를 통해 개념을 이해해 봅시다.

1) 기질(Temperament)이란 무엇인가요?

태어날 때부터 선천적으로 타고난 지속적인 정서적, 행동적 반응의 패턴과 경향성입니다. 기질은 유전적, 생물학적 특성에 의해 주로 결정되며 비교적 변화하기 어렵습니다.

> 예 : 어떤 아이는 낯선 사람에게 잘 다가가지만, 어떤 아이는 낯을 가리기도 합니다.

2) 성향(Disposition)이란 무엇인가요?

개인의 기질이 환경과 상호작용(학습, 관계, 경험)을 하여 만들어진 행동의 경향이나 선호도라고 할 수 있습니다. 기질보다는 유연하며 경험과 학습, 주변과의 상호작용 때문에 달라질 수 있습니다.

> 예 : 어떤 아이는 본래 말수가 적고 내성적이지만, 교회 활동을 통해 점점 활발하고 유연하게 사회성을 획득합니다.

3) 성격(Personality)이란 무엇인가요?

기질과 성향뿐 아니라, 경험과 가치관, 신념 등 다양한 내적·외적 요인이 복합적으로 작용하여 형성된 고유하고 통합적인 인격 구조로, 평생에 걸쳐 발달하고 변화할 수 있습니다.

> 예 : 아이의 기질이 소심할지라도, 긍정적인 관계 경험이나 성취를 통해 자신감 있는 성격으로 성장할 수 있습니다.

즉, 기질은 자동차의 '엔진'(타고난 힘과 반응 속도)입니다. 성향은 운전자가 엔진을 다루는 '운전 습관'입니다. 성격은 운전 습관과 도로 경험이 통합되어 형성된 '종합적인 운전 스타일'입니다.

다시 정리하자면, 기질은 '씨앗'(seed), 성향은 '씨앗이 자라나는 방향'(stem), 성격은 '그 열매'(fruit)입니다. 즉, 하나님이 '기질'을 심으셨고, 환경과 관계 속에서 '성향'이 형성되며, 시간과 신앙, 교육, 환경이 진행되면서 '성격'이라는 열매로 완성됩니다.

(예) 바울과 베드로의 기질·성향·성격 비교

구분	베드로	바울
기질	즉각 반응하는 유형, 감정 표현이 분명, 외향적이고 행동 중심적	신중하고 생각이 깊음, 내향적
성향	먼저 말하고 먼저 행동함, 관계가 더 중요함, 공동체 속 리더십 발휘	먼저 깊이 생각하고 말을 함, 논리적이고 이성적
성격	열정적이고 직선적, 실패를 통해 성숙해 가는 지도자 유형	원칙 중심적이며 체계적인 지도자, 일관성 강조

Q 나의 기질? 나의 성향? 나의 성격은 어떤지 구체적으로 적어 보세요. 나와 신뢰 관계가 있는 가까운 사람에게(최소 3명 이상) 내 기질, 내 성향, 성격을 물어보면 더 구체적으로 자세히 알 수 있습니다.

구분		
기질		
성향		
성격		

Q 내가 교사의 직분을 감당할 때, 내 기질과 성향, 성격은 아이들에게 어떤 영향을 주고 있는지 적어 보세요. 위와 관련된 나의 약점과 강점은 무엇이 있는지 함께 적어 보세요.

(예) 관계 중심형 교회학교 교사

구분	내용
기질	외향적이고 감정과 정서에 대한 반응이 빠름 다른 사람과 함께 있을 때 에너지가 상승함
성향	활동 중심 수업 선호, 대화와 참여 강조, 유연한 진행
성격	따뜻하고 공감적, 관계 중심 리더, 분위기 형성에 강점
아이들에게 미치는 영향	교회를 편안한 공간으로 인식하게 함, 친밀감 형성 빠름, 참여도가 높음
강점	공감 능력, 관계 형성 능력, 공동체 분위기 조성
약점	체계성 부족 가능성, 내향적 아이 배려 미흡, 규칙과 원칙 설정의 어려움

구분	내용
기질	
성향	
성격	
아이들에게 미치는 영향	
강점	
약점	

4) 왜 기질 – 성향 – 성격 이해가 중요한가요?

① 아이의 행동을 조금 더 정확하게 해석하기 위해서입니다.

같은 행동이라도 아이의 기질에 따라 그 의미는 달라질 수 있습니다. 예를 들어 수업 시간에 산만해 보이는 행동이 꼭 ADHD 때문이라고 단정할 수는 없습니다. 어떤 아이에게는 그 모습이 문제 행동이 아니라 에너지가 많고 활발한 기질의 표현일 수도 있습니다. 따라서 교사는 단순히 행동을 바로잡는 데 초점을 두기보다, 그 행동이 어떤 기질에서 나오는지를 이해하면서 지도할 수 있게 됩니다.

② 관계 속에서 생길 수 있는 불필요한 오해를 줄이기 위해서입니다.

교사의 성향과 아이의 성향이 다를 때 갈등이 생기는 경우가 많습니다. 이때 중요한 것은 먼저 이해하려는 교사의 태도입니다. 내 기준으로 "왜 이렇게 행동하지?"라고 판단하기보다, 아이가 반복적으로 보이는 행동과 성향의 패턴을 살펴보고 소통할 때 건강한 관계가 형성될 수 있습니다.

③ 기질 이해는 맞춤형 신앙 교육을 설계하는 데 필요합니다.

외향적인 성향의 아이는 토론이나 활동 중심 수업에서 더 잘 반응할 수 있고, 내향적 성향의 아이는 묵상이나 일대일 모임이 보다 더 효과적일 수 있습니다. 반별 공과 수업을 준비할 때 한 가지 단일한 방식만 고집하기보다, 다양한 색깔과 빛깔에 접근하기 위해서 여러 방식의 접근을 함께 기획하고 설계하는 것이 중요합니다.

✅ 기질 기반 신앙교육 설계해 보기

1단계 내 아이의 "기질 지도" 그려보기

모든 아이들은 다릅니다. 같은 말씀을 들어도 받아들이는 길(통로)이 다릅니다. 이렇게 쉽게 질문해 봅시다.

- 이 아이는 생각이 많은 아이인가, 활동이 많은 아이인가?
- 말로 표현하는 것을 잘하고 좋아하는가, 글로 쓰는 것을 더 편해하는가?
- 원리를 알고 싶어 하는가, 느낌을 먼저 말하는가?
- 조용히 묵상하는 것을 좋아하는가, 함께 이야기하는 것을 좋아하는가?

즉, "이 아이는 어떤 길을 통해 마음이 열리는가?" 이 질문이 바로 기질 이해의 출발점입니다.

2단계 같은 말씀을, 여러 길로 가르쳐 보기

하나의 본문이라도, 아이들마다 받아들이는 길이 다릅니다. 그래서 교사는 '여러 통로'를 준비해야 합니다.

이해하는 길을 다양하게 열어주기

생각 중심 아이 [논리형]

- "왜 그런가요?"
- "이 말씀의 핵심 내용(원리)은 무엇일까요?"

의미를 찾는 아이 [직관형]

- "이 말씀이 우리 삶에서 어떤 의미가 있을까요?"
- "하나님이 왜 이 말씀을 주셨을까요?"

구체적인 아이 [감각형]

- 추상적인 말보다 실제 예를 좋아함
- "그래서 제가 뭘 하면 되나요?"라고 묻는 아이

마음 중심 아이 [감정형]

- 관계, 상처, 공감에 민감
- "하나님 마음은 어떠셨을까요?"에 반응함

참여하는 방법도 다양하게 하기

- 활발한 아이토론, 역할극, 발표를 좋아함

- 조용한 아이묵상, 글쓰기, 조용한 기도를 좋아함

- 몸으로 배우는 아이활동, 만들기, 봉사를 좋아함

- 보고 듣는 아이시청각 자료, 그림, 읽기를 좋아함

신앙 표현도 한 가지가 아닙니다

어떤 아이는 말로 표현합니다. 어떤 아이는 글로 적습니다. 어떤 아이는
행동으로 보여줍니다. 이렇게 물어볼 수 있습니다.

- 오늘 느낀 것(깨달은 것)을 말로 나눌 사람?

- 글로 적어볼 사람?

- 이번 주 실천으로 보여줄 사람?

신앙은 "말씀을 듣는 것"에서 끝나지 않고 표현할 때 내 것이 됩니다.

3단계 수업에 작은 변화를 주기

기존의 방식들은 대체로 이렇습니다.

하나의 본문 ≫ 하나의 설명 ≫ 하나의 활동

하지만 이렇게 바꿔보면 어떨까요?

그러면 어떤 일이 일어날까요?

- 말 잘하는 아이만 빛나지 않습니다.

- 조용한 아이도 자기 방식으로 신앙을 표현합니다.

- "나는 신앙이 약해요"라고 말하던 아이가 살아납니다.

핵심은 이것 하나입니다 기질 교육이란 아이들을 분류하려는 것이 아니라, "이 아이들이 하나님을 만나는 길, 복음을 경험하는 통로를 열어 주는 것"입니다.

④ 교사 자신의 자기 이해를 높이기 위해서입니다.

교사가 자신의 기질과 성향을 잘 모르면, 자신에게 익숙한 방식만을 아이에게 요구하기 쉽습니다. 반대로 교사가 자신을 잘 이해하고 있을 때 아이를 보다 유연하고 지혜로운 접근과 방식으로 지도하고 가르칠 수 있습니다.

⑤ 신앙 공동체 안에서 다양성을 존중하기 위해서입니다.

예수님의 열두 제자가 서로 다른 기질과 성향, 성격을 지녔던 것처럼 하나님께서는 다양한 성향의 사람을 사용하십니다. 예를 들어, 모세는 지도자형, 바울은 논리형 성향의 인물로 나타납니다. 그래서 신앙 공동체 안에서 하나님 나라의 다양성이라는 기준으로 기질과 성향을 잘 이해하는 것이 중요합니다.

기질은 하나님의 설계도, 성향은 그 설계가 드러나는 방향, 성격은 함께 만들어 가야 할 열매입니다. 교사는 아이의 성격을 바꾸는 사람이 아니라, 하나님이 주신 기질이 사랑과 신앙 안에서 건강하게 자라도록 돕는 정원사입니다.

02

MBTI로 알아보는 우리 아이 :
MBTI는 '라벨'이 아니라 이해를 돕는 '언어'다

아이의 행동과 반응을 문제나 믿음의 부족으로 성급하게 해석하거나 판단하지 말고, 그 이면에 있는 기질과 성향의 차이를 이해하려는 노력이 필요합니다. 이를 돕는 좋은 도구가 있습니다. MBTI는 사람을 이해하는 데 있어 보조적인 도움을 줄 수 있습니다. 여기서도 중요한 핵심은 MBTI를 '판단'이나 '해석'이 아니라 '이해'를 위한 보조 도구로 사용해야 한다는 것입니다.

MBTI(Myers-Briggs Type Indicator)는 '사람의 에너지 사용 방식', '정보 인식 방식', '판단 기준', '생활 스타일의 차이'를 통해 16가지 성향 유형으로 나누는 성격유형 검사입니다.

MBTI는 사람을 하나의 '틀' 혹은 '라벨'에 가두기 위한 도구가 아니라, '서로의 다름을 이해하기 위한 언어'라고 할 수 있습니다. 이는 아이의 성격 자체를 진단하기보다, 신앙 공동체 안에서 에너지가 어디로 향하고, 정보를 어떻게 인식하며, 판단을 어떤 기준으로 내리는지에 대한 실제적인 통찰을 줍니다. 즉, '아이가 왜 그렇게 행동하고 말하는지'를 알게 하는 관찰의 도구가 됩니다.

MBTI는 절대적인 진단 지표가 아닌, 아이를 이해하는 '지도'(Map)로 활용해야 합니다. 특히 아이들은 빠르게 변화하므로, 교사는 아이들을 특정 유형에 가두지 말고 잠재성을 열어주는 방향으로 접근해야 합니다.

Q 나의 MBTI는 무엇인가요?

Q 나의 MBTI 유형이 나의 성향과 모습을 충분히 반영하고 있다고 생각하나요?

Q 우리 가족, 친구, 아이의 MBTI는?

MBTI의 네 가지 축을 통해 아이가 신앙 공동체 내에서 어떻게 배우고, 소통하고, 관계 맺는지에 대한 구체적인 맞춤형 양육 전략을 세울 수 있습니다.

유형/에너지 방향	주요 특징	교회 교육 적용	칭찬·격려 표현 예시
외향형 (E)	• 에너지가 '밖으로'. • 사람과 활동을 통해 힘을 얻음 • 발표·활동·소통 선호	• 활동 중심, 몸으로 배우는 공과 활동 • 토론, 역할극, 공동 프로젝트 선호 • 너무 많은 말보다 '집중 포인트'를 주제 중심으로 잡기	"네가 친구들과 잘 어울리는 모습이 참 좋아!" "하나님은 네 밝고 긍정적인 에너지를 통해 친구들과 기쁨을 나누게 하셔!"
내향형 (I)	• 혼자 있는 시간에서 에너지 충전 • 사색형 • 조용하고 신중함	• 묵상·그림·글쓰기 형 활동 제시 • 발표 강요보다 '개별 대화·묵상형 나눔' 활용 • 준비시간 주고 질문은 미리 알려주기	"너의 생각이 깊어서 선생님이 배우게 돼." "하나님은 네 마음속 이야기도 다 듣고 계셔."
감각형 (S)	• 구체적 사실·경험 중심 • 눈에 보이는 것 • 실제 사례 선호	• 실물·그림·활동 교재 활용 • 성경 속 장면 재현, 만들기 공과 효과적 • '오늘 배운 것을 구체적으로 실천하자	"네가 직접 만들어 보니 말씀을 더 잘 이해했지?"
직관형 (N)	• 아이디어·상징 중심 • 창의적 상상과 '의미 찾기'를 즐김	• 주제 중심 토론, 창의적 적용 질문 활용 • 성경 이야기의 '상징적 의미' 탐구 • 질문을 두려워하지 않게 격려	"그 생각 참 새롭고 특별하다! 하나님이 네 생각을 사용하실 거야." "말씀 속 의미를 깊이 생각하는 모습이 참 귀해."
사고형 (T)	• 논리·원칙 중심 판단 • 공정·규칙·일관성 중요	• 규칙과 근거를 제시하며 논리적으로 설명 • '왜 그런가' 이유를 명확히 제시 • 성경의 논리적 구조, 교리적 부분에 흥미	"좋은 질문이야! 진리를 찾는 태도가 멋지다." "하나님은 지혜로 질서를 세우신 분이야."

유형 / 에너지 방향	주요 특징	교회 교육 적용	칭찬·격려 표현 예시
감정형 (F)	• 사람과 감정 중심 판단 • 공감·화합·관계 중요	• 관계 중심 활동 : 나눔, 편지쓰기, 기도 카드 작성 등 • 감정표현을 긍정적으로 이끌기 • '하나님 마음 배우기' 강조	"네 친구 마음을 생각하는 모습이 참 예뻐." "하나님은 네 따뜻한 마음을 통해 사랑을 전하신단다."
판단형 (J)	• 계획적, 질서·일정 선호 • 명확한 목표 중요	• 수업 목표와 흐름을 미리 제시 • 일관성 있는 공과 진행 • 책임감과 리더십 훈련에 강점	"준비성 있는 모습이 하나님께 영광이야." "네가 약속을 지키는 모습이 정말 믿음직하다."
인식형 (P)	• 융통성, 개방적 • 즉흥적이고 자유로 운 스타일	• 유연한 일정, 창의적 활동 선호 • 계획 강요보다 '탐색·발견형 학습' 활용 • 예측보다 흥미로 접근	"네 자유로운 아이디어가 멋지다!" "하나님은 네 상상력을 통해 새 일을 하실 거야!"

》 실천 및 적용

MBTI는 아이의 '다름'을 인정하는 도구입니다. 다만 위의 내용은 참고 사항으로만 사용해야 하며, 절대적인 기준으로 사용해서는 안 됩니다. 각각의 아이들마다 특징이 모두 다르며, 성장 과정에서 MBTI는 충분히 바뀔 수 있습니다.

MBTI는 하나님께서 주신 다양함을 해석하는 또 하나의 언어입니다. 교사는 MBTI로 아이들을 '분류'하는 사람이 아니라, 아이들이 가진 하나님의 색깔을 발견하는 사람입니다. 다름은 틀림이 아닙니다. 다름은 하나님이 창조하신 다양성의 아름다움입니다.

03

학습 스타일의 이해 : 시각형, 청각형, 운동 감각형

아이들의 학습스타일을 파악하여 좀 더 효과적인 교육 방식을 적용할 수 있습니다.

구분	특징	교회교육 적용	추천 활동
시각적 학습자 (Visual Learner)	그림, 도표, 색깔을 통해 가장 잘 배움	• 성경 이야기를 그림으로 표현하기 (만화, 인포그래픽 등) • 색깔이 다양한 성경공부 자료와 워크북 활용 • 영상과 PPT를 활용한 말씀 전달 • 성경 지도와 타임라인 시각화 • 마인드맵으로 성경 개념 정리 • 성경 구절 암송 시 색깔 활용	그림 그리기, 비전 보드 만들기, 시각적 기도 저널 등
청각적 학습자 (Auditory Learner)	듣고 말하며 가장 잘 배움	• 찬양과 워십을 통한 말씀 암송 • 성경 이야기를 드라마나 라디오 형식으로 듣기 • 토론과 질의응답 중심의 성경공부 • 성경 낭독과 암송 강조 • 또래와의 대화를 통한 신앙 나눔	찬양 인도, 성경 암송 대회, 신앙 간증 나눔, 설교 요약 발표
신체-운동 감각적 학습자 (Kinesthetic Learner)	움직임과 체험을 통해 가장 잘 배움	• 성경 이야기 역할극과 연극 • 찬양에 율동과 동작 결합 • 야외 예배와 미션 트립 • 실습 중심의 봉사활동 • 게임과 활동으로 성경 개념 학습 • 만들기, 요리 등을 통한 성경 교육	성극, 찬양 율동, 선교 여행, 구제 활동, 체험형(활동중심) 성경 학교

》 실천 및 적용

다양한 학습 스타일을 반영하여 아이들이 적극적이고 효과적으로 말씀과 교리, 신앙생활을 이해하고 체화하도록 돕습니다.

교회 교육은 수동적이고 단순한 일방적 전달에서 벗어나야 합니다. 참여·체험 중심의 학습 구조로 전환되어야 합니다. 또한, 교사는 학습자 관찰을 통해 감각 유형을 파악하고, 이에 맞는 교수법(시·청각 자료, 노래, 역할극, 체험활동 등)을 창조적으로 활용해야 합니다.

하나님은 우리를 각각 다른 빛깔로 아름답게 지으셨습니다. 교사는 아이의 빛깔을 '바꾸는 사람'이 아니라, 그 고유의 색깔이 더욱 아름답게 빛나도록 하나님의 빛을 비추는 사람입니다. 여자아이, 남자아이, 내향적인 아이, 외향적인 아이 등 모두 다 하나님이 독특하고 특별한 형상입니다. 다름 속에서 하나 됨을 배우며 각 지체가 서로 연합함으로 함께 성장하는 것, 그것이 바로 하나님이 원하시는 교회 교육입니다.

❶ 다음 주 공과 시간에, 아이들의 성향과 기질을 반영한 '맞춤형 활동'을 하나를 미리 정해서 실천해 봅시다.

❷ 나와 성향이 가장 다른 아이에게 할 수 있는 격려의 한마디는 무엇이 있을까요?

❸ 개별적 강점 발견 : 우리 반 아이의 이름을 떠올려 보며 그 아이의 행동이나 학습 태도에서 "하나님이 주신 고유한 은사"를 내가 발견해 보고 해석해 본다면, 무엇이 있을까요? 나는 어떻게 그 아이가 성장(변화)하도록 도울 수 있을까요?

❹ 기질과 성향, 성격이 다 다르고 성별도 다른 아이들의 특성과 개성이 반 내에서 어떻게 드러나고 있나요? 나는 그 차이를 존중하며 대화하고 지도한 경험이 있나요?

성품의 이해

기질은
타고나지만,
성품은
만들어야 한다

기질은 타고나지만, 성품은 개발하고 가꾸며

형성하는 것입니다. 그리스도의 자녀로서

성령의 열매를 맺는 것은 그리스도인의 사명이자

핵심 교육목표입니다.

교회학교 교사는 성품 형성의 동역자이자 조력자로서,

내가 맡은 한 명의 영혼이 그리스도의 성품,

성령의 성품을 빚어 가도록 올바르게 지도해야 합니다.

'기질'은 바탕이 되지만, '성품'(Character)은

'성화'(Sanctification)의 과정임을 잘 이해하고 교사가

먼저 좋은 역할 모델이 되어야 합니다.

1. 성품의 개념과 본질을 이해하고, 성품이 '가꾸어야 할' 품성임을 인식한다.

2. 성품이 기질, 성향, 성격과 어떻게 구별되는지 이해한다.

3. 성령의 아홉 가지 열매(갈 5:22~23)를 이해하고 성품 교육의 구체적인 목표와 실천 사항을 알고 적용할 수 있다.

4. 아이의 성품 발달을 돕기 위해 교사 자신이 먼저 성품 교육의 모델로서 자신의 성품을 성찰하고 훈련하려는 태도를 함양한다.

5. 교회교육 현장을 성품 훈련의 장으로 이해하고, 관계 속에서 성품을 실천하도록 돕는 지도 역량을 강화한다.

본 장에서는 성품에 대한 종합적 이해를 돕고 있습니다. 먼저 성품에 대한 개념과 정의를 배우고 이것을 형성하는 것이 성경적으로 왜 중요한지 깨닫도록 합니다. 또한, 성경에서 말하는 구체적인 성품의 내용과 요소들을 살펴보고, 이것이 내가 지도하는 아이들 가운데 어떻게 열매 맺을지에 대한 교육의 지혜와 방법들을 살펴보고 실제로 우리 반 아이들에게 실천 및 적용해 봅시다.

01

성품이란 무엇인가요?

성품(Character)은 라틴어 'Charactere'에서 유래하였으며, "새겨진 표시"(engraved mark)를 의미합니다. 즉, 이는 일시적 감정이나 외적 행동이 아니라, 한 사람의 내면에 깊이 새겨진 도덕적·영적 특질을 뜻합니다. 또한 성품은 타고난 본성(nature)이 아니라, 성령의 내주와 말씀의 훈련을 통해 형성되어 가는 인격의 방향성입니다. 따라서 성품은 단순히 '좋은 성격'이나 '착한 행동'을 의미하지 않고, **하나님의 성품이 인간 안에 재현되어 가는 성화의 과정(Sanctification)으로 이해**됩니다.

성경에 따르면 인간은 전적인 타락으로 인해 하나님의 형상을 잃어버렸습니다. 그러므로 성품 교육은 타락한 인간의 본성을 단순히 도덕적으로 개선하는 것이 아니라, 그리스도의 형상을 본받아 회복해 가는 성화의 여정입니다(롬 8:29). 이 점에서 성품은 심리학적 '성격'(personality)이나 '기질'(temperament)과 구별됩니다. 기질이 유전적이고 생물학적인 반응 경향이라면, 성품은 신앙적인 바른 가치 판단과 의로운 선택과 결정을 지속적으로 반복함으로써 형성되는 인격의 결과입니다.

성품은 '생각(thought)', '감정, 정서(feeling, emotion)', '행동(action)'의 통합적 결과입니다. 아이의 성품이 바르게 형성되려면 첫째, 옳고 바른 생각을 배우고(말씀 교육) 둘째, 바른 정서와 감정을 느끼고 다스리며(공감 및 정서 지도) 셋째, 선한 행동으로 실천(습관의 형성)하도록 돕는 균형이 필요합니다.

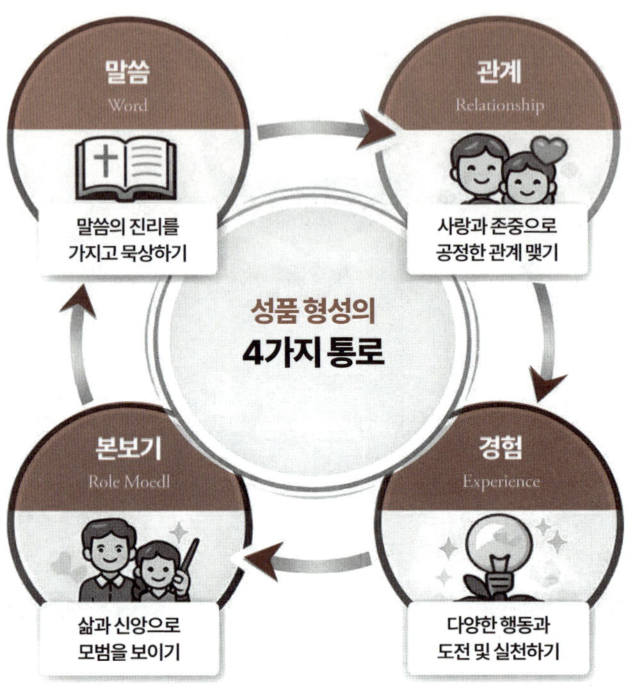

말씀(Word), **관계**(Relationship), **경험**(Experience), **본보기**(Role Model). 교사는 이 네 가지를 통해 아이 개개인의 마음에 하나님의 성품의 씨앗이 자라나고 성장하고 변화하도록 환경을 조성해야 합니다.

Q 내가 기존에 생각했던 성품과 성화에 대한 이해와 생각을, 이번에 새롭게 깨달은 내용과 비교하여 적어보세요.

Q 갈라디아서에 나오는 성령의 아홉 가지 열매 중 내가 가장 좋아하는 성품은 무엇인가요? 또 그 이유는?

Q 성품 형성을 방해하는 요인이나 장애물에는 무엇이 있을까요?

성품 교육의 중요성

1) 성품과 기질 · 성향 · 성격의 비교

구분	정의	형성 요인	변화 가능성	신앙적 의미
기질	선천적 반응 경향	유전 · 신경학적	낮음	하나님의 창조 설계
성향	경험을 통해 형성된 행동 경향	환경 · 관계	중간	성장의 방향성
성격	도덕적 · 신앙적 일관성	경험 · 가치관	있음	인격적 표현
성품	도덕적 · 신앙적 일관성 / 그리스도의 형상	성령의 역사 + 신앙적 순종	높음	열매

2) 성품 교육이 꼭 필요한 이유

그리스도의 형상을 닮는 것이 우리 삶의 핵심 목표이기 때문입니다.

"하나님이 자기 형상 곧 하나님의 형상대로 사람을 창조하시되"(창 1:26~27). 인간은 하나님의 형상으로 창조되었습니다. 이는 하나님의 성품이 반영된 존재로 지음받았다는 뜻입니다. 하나님은 사랑이시고, 거룩하시며, 진실하시고, 공의로우신 분입니다. 우리는 그분의 성품을 닮도록 창조되었으며 삶의 모든 영역에서 예수님을 닮아가야 할 책임과 의무가 있습니다. 그리스도인 교사의 사명은 한 영혼이 타락으로 인해 상실한 하나님의 형상을 회복하도록 돕는 것입니다.

기독교 교육의 목표는 그리스도의 형상을 회복하는 것입니다.

로마서 8장 29절에는 "하나님이 미리 아신 자들을 또한 그 아들의 형상을 본받게 하기 위하여 미리 정하셨으니"라고 기록되어 있습니다. 이는 하나님의 구속 계획의 궁극적인 목적이 우리와 우리 자녀들을 그리스도의 형상으로 변화시키는 데 있음을 보여줍니다. 그러므로 기독교 교육의 핵심 목표는 지식의 전달에 머무르지 않고, 그리스도의 성품을 닮아 가는 삶을 이루도록 돕는 데 있습니다.

성품은 공동체를 통해 온전하게 형성됩니다.

성품은 혼자 길러지지 않습니다. 공동체 안에서 서로의 다름을 배우고 존중하며, 용서와 인내를 경험하는 과정 속에서 성품이 형성됩니다. 교회학교의 소그룹(공과, 반, 분반 공부)은 작은 '하나님 나라 공동체 실험실'이자 그리스도의 성품이 형성되는 성품학교입니다.

형성되어야 할 성품 : 성령의 열매

갈라디아서 5장 22~23절에 보면 성령의 열매를 아홉 가지로 표현합니다. '**오직 성령의 열매는 사랑과 희락과 화평과 오래 참음과 자비와 양선과 충성과 온유와 절제니**'. 이것이 성품 교육의 구체적 목표이자 내용입니다.

성품을 맺는 과정은 인간의 노력만이 아니라 성령님의 초월적이고 주권적인 역사가 있어야 합니다. 또한 일회적이고 단회적 사건이 아니라 평생에 걸친 성장의 과정이기도 합니다.

즉, 성품 교육은 훈련(discipline)과 은혜(grace)의 협력입니다. 우리는 교사로서 아이들을 훈련으로 이끌되, 성령님께서 이 모든 과정을 인도하시고 성취하시며 열매 맺도록 의지하고 의존해야 합니다. 우리에게 늘 가장 좋은 교사, 성령님이 우리와 함께 하고 있다는 진리를 늘 기억해야 합니다.

가장 온전한 성품의 모델을 보여주신 분은 바로 우리 예수님입니다. 빌립보서 2장 5~8절에는 '너희 안에 이 마음을 품으라 곧 그리스도 예수의 마음이니 그는 자기를 낮추시고 죽기까지 복종하셨으니'라고 말합니다. 예수님은 겸손과 섬김, 순종과 희생의 완전한 모델이 되십니다. 그러므로 성품 교육은 추상적 덕목을 배우는 것이 아닌 본이 되어주신 예수님의 삶을 본받아 살아가는 구체적인 삶의 훈련입니다.

교회 학교는 그리스도를 닮아가는 훈련장이며 진리가 구체적으로 실천되는 장이어야 합니다. 성경을 아는 지식 전달을 넘어 성경대로 살아야 하며, 바르게 행동하는 외적 행동의 변화뿐 아니라 실제적인 내면과 마음의 변화가 있어야 하며, 착한 아이라는 도덕 교육을 넘어 진정한 예수 그리스도를 닮은 제자로 교회 학교가 운영되어야 합니다.

따라서 **교사는 3M(쓰리엠)의 역할을 감당해야 합니다.** 먼저, 자기 자신이 스스로 성품의 모델(Model)이 되어야 하며, 아이의 성품 형성 과정을 동행하며 돕는 멘토(Mentor)의 역할을 담당하고, 아이를 은혜의 수단(말씀, 기도, 예배)으로 인도하는 중재자(Mediator)가 되어야 합니다.

1) 사랑(Love, Agape)

⊙ **성경적 이해**

- 사랑은 모든 열매의 근원이자 토대

- 감정적 호감이 아니라, 자신을 내어주는 의지적 헌신

- "새 계명을 너희에게 주노니 서로 사랑하라 내가 너희를 사랑한 것 같이 너희도 서로 사랑하라"(요 13:34)

하나님께서 우리를 사랑하셨듯(요일 4:19), 그 사랑을 받아 다른 사람을 사랑하는 것

② 아이들에게 기대되는 모습

- 친구가 어려움에 부닥쳤을 때 자발적으로 돕는 행동

- 자신이 좋아하는 것을 기꺼이 나누는 모습

- 싫어하는 친구에게도 친절하게 대하려는 노력

- 부모님과 선생님께 진심으로 감사를 표현하는 태도

- 약한 친구, 어려운 친구를 놀리지 않고 보호하는 모습

2) 희락(Joy)

① 성경적 이해

- 상황에 좌우되는 일시적 기쁨(happiness)이 아닌, 하나님 안에서 누리는 깊은 기쁨

- 환경이 어려워도 주님과 함께하는 것 자체가 기쁨이 되는 것

- "주 안에서 항상 기뻐하라 내가 다시 말하노니 기뻐하라"(빌 4:4)

바울과 실라가 감옥에서 찬송한 것과 같이, 진정한 희락은 환경과 상황을 초월함

② 아이들에게 기대되는 모습

- 예배와 찬양에 즐겁게 참여하는 태도

- 어려운 일이 있어도 긍정적 태도를 유지하려는 노력

- 다른 사람의 좋은 일을 함께 기뻐하는 마음

- 불평보다 감사의 표현이 먼저 나오는 언어 습관

- 주일마다 교회 오는 것을 기뻐하는 모습

3) 화평(Peace)

① 성경적 이해

- 단순히 갈등이 없는 상태가 아닌, 하나님과의 관계가 회복되고 이웃과 조화롭게 사는 것
- "평안을 너희에게 끼치노니 곧 나의 평안을 너희에게 주노라"(요 14:27)

> 세상이 주는 평안과 다른, 영적인 평안을 의미

② 아이들에게 기대되는 모습

- 친구와 다툼이 생겼을 때 먼저 화해를 시도하는 태도
- 다른 사람을 배려하고 조화롭게 지내려는 노력
- 불안하거나 걱정될 때 기도로 평안을 구하는 모습
- 평화를 깨뜨리는 말과 행동(험담, 싸움)을 자제하는 모습
- 갈등 상황에서 중재자 역할을 하려는 시도

4) 오래 참음((Patience, Long-suffering)

① 성경적 이해

- 어려운 상황이나 사람을 견디는 인내
- 하나님께서 우리의 연약함을 오래 참으시는 것과 같이(벧후 3:9), 우리도 다른 사람을 참고 기다려주는 것

> 인내와 기다림, 포기하지 않는 사랑의 지속성을 의미

② 아이들에게 기대되는 모습

- 화가 나도 폭발하지 않고 감정을 조절하는 모습

- 느린 친구를 재촉하지 않고 기다려주는 태도

- 원하는 것을 즉시 얻지 못해도 불평하지 않기

- 힘든 과제나 어려운 일을 포기하지 않고 끝까지 하기

- 반복해서 가르쳐도 화내지 않는 친구에게 감사하기

5) 자비(Kindness)

① 성경적 이해

- 다른 사람의 필요와 아픔을 보고 따뜻하게 대하는 것

- "서로 친절하게 하며 불쌍히 여기며 서로 용서하기를 하나님이 그리스도 안에서 너희를 용서하심과 같이하라"(엡 4:32)

하나님의 자비로우심을 본받는 것이며, 친절한 연민이 담긴 적극적 행동

② 아이들에게 기대되는 모습

- 슬퍼하는 친구를 보면 다가가 위로하고 격려하는 모습

- 도움이 필요한 사람을 보면 먼저 손 내미는 태도

- 거칠고 공격적인 말 대신 부드럽고 따뜻한 말을 사용하기

- 약자나 소외된 친구를 보호하고 배려하는 행동

- 친구의 실수를 비난하지 않고 이해하려는 마음

6) 양선(Goodness)

① 성경적 이해

- 도덕적으로 선하고 의로운 것을 추구하는 것
- 단순히 악을 피하는 소극적 태도가 아닌, 적극적으로 선을 행하고 정의롭게 사는 것
- "악에게 진 것이 되지 말고 선으로 악을 이기라" (롬 12:21)

하나님의 거룩하심을 닮아가는 과정

② 아이들에게 기대되는 모습

- 옳은 것과 그른 것을 분별하려는 노력
- 부정직한 유혹(컨닝, 거짓말 등)을 거절하는 용기
- 정직하고 바른말과 행동을 일관되게 실천하기
- 불의한 일(괴롭힘, 도둑질 등)을 보면 외면하지 않고 바로잡으려는 태도
- 누가 보든 안 보든 하나님 앞에서 바르게 행하려는 마음

7) 충성(Faithfulness)

① 성경적 이해

- 하나님과 사람에 대한 신실함과 믿음직함
- 약속을 지키고, 맡은 일에 책임을 다하며, 변함없이 믿음을 지키는 것
- "네가 죽도록 충성하라 그리하면 내가 생명의 관을 네게 주리라"(계 2:10)

작은 일에 충성된 자가 큰 일에도 충성됨(눅 16:10)

② 아이들에게 기대되는 모습

- 사소한 약속조차도 지키려고 노력하는 태도

- 맡은 역할과 책임(청소 당번, 기도, 봉독 등)을 끝까지 완수하기

- 친구와의 우정을 소중히 여기고 배신하지 않기

- 예배와 기도 생활을 꾸준히 유지하기

- 어려움이 와도 쉽게 포기하지 않고 끝까지 지키는 모습

(8) 온유(Gentleness, Meekness)

① 성경적 이해

- 겸손하고 부드러운 태도

- 약함이 아닌, 힘을 가지되 그것을 절제하며 다른 사람을 존중하는 것

- "나는 마음이 온유하고 겸손하니 나의 멍에를 메고 내게 배우라"(마 11:29)

예수님의 말씀과 같이 온유는 절제되고, 부드러움 속의 강함을 의미함

② 아이들에게 기대되는 모습

- 다른 사람의 의견을 존중하고 끝까지 경청하는 태도

- 자신의 주장을 강요하지 않고 부드럽게 표현하기

- 낮은 자세로 섬기고 배우려는 마음

- 이겼을 때 자랑하지 않고 겸손하게 행동하기

- 자신보다 약한 사람을 무시하지 않고 존중하기

(9) 절제(Self-control)

① 성경적 이해

- 자신의 욕구와 감정을 다스리는 능력충동을 조절하고, 유혹을 이기며, 균형 잡힌 삶을 사는 것
- "자기의 마음을 제어하지 아니하는 자는 성읍이 무너지고 성벽이 없는 것과 같으니라" (잠 25:28)

> 절제는 성령의 도우심으로 자기 자신을 통제하는 것을 의미함

② 아이들에게 기대되는 모습

- 화가 나도 폭발하지 않고 조절하는 모습
- 과자나 게임, 유튜브 등 좋아하는 것을 적절히 절제하는 태도
- 말과 행동을 신중하게 하기 (거친 말, 충동적 행동 자제)
- 규칙적인 생활 습관(기도, 성경 읽기, 수면, 공부 등) 유지하기
- 즉각적 만족보다 장기적 목표를 위해 참는 능력

실천 및 적용

1) 교사로서 현재 나의 모습

Q 내가 현재 맺고 있는 성품의 열매는 무엇인가요?

Q 나에게 가장 부족한 성품의 열매는 무엇인가요?

2) 이번 학기 나의 성장 목표

Q 내가 집중적으로 성장하고 싶은 열매는 무엇이 있나요? (1~2개)

Q 그것을 위해 내가 할 구체적인 행동 한 두 가지를 적어보세요.

3) 아이들을 위한 교육 계획

Q 우리 반이 가장 필요로 하는 열매는 무엇인가요?

Q 이번 달 집중적으로 가르칠 열매는 무엇이 있을까요?

먼저 열매 맺는 사람이 되어야 합니다

성령의 아홉 가지 열매는 우리가 인간의 노력만으로 맺을 수 있는 것이 아닙니다. 이것은 성령께서 우리 안에 거하실 때, 성령의 역사하심으로 맺어지는 열매입니다. 그러므로 우리는 먼저 성령 충만을 구해야 합니다.

교사 자신이 먼저 열매 맺는 사람이 되어야 합니다.

아이들은 우리의 말보다 우리의 삶을 봅니다. 우리가 사랑하고, 기뻐하고, 인내하고, 절제하는 모습을 볼 때, 그들도 그렇게 살고 싶어집니다. "함께 살아내는 모습"이 가장 강력한 교육입니다.

완벽을 추구하지 말고, 성장을 추구하세요.

우리도 여전히 성화의 과정 중에 있는 사람들입니다. 누구가 다 실수하고 넘어질 수 있습니다. 하지만 그때마다 회개하고 일어서며, 다시 성령의 인도하심을 따라가면 됩니다. 진실한 모습 자체가 아이들에게 좋은 교육입니다.

인내를 가지고 기다리세요.

성품의 변화는 하루아침에 일어나지 않습니다. 때로는 아무런 변화가 보이지 않아 낙심할 수 있습니다. 하지만 씨앗을 심은 농부가 인내하며 기다리듯이, 우리도 기도하며 기다려야 합니다. 성령께서 때가 되면 반드시 열매 맺게 하실 것입니다.

성령의 역사를 의지하세요.

우리는 교사이지만, 진정한 교사는 성령님이십니다. 우리는 도구일 뿐입니다. 그러므로 매 순간 성령의 인도하심을 구하고, 성령께서 일하시도록 우리 자신을 내어드려야 합니다. "내가 심었고 아볼로는 물을 주었으되 오직 하나님께서 자라나게 하셨나니"(고전 3:6).

아이들을 사랑하세요.

사랑은 모든 열매의 근원입니다. 아이 한 명 한 명을 하나님께서 맡기신 소중한 영혼으로 여기십시오. 그들의 강점을 발견하고, 가능성을 믿어주고, 끝까지 포기하지 마십시오. 사랑받는다고 느끼는 아이는 반드시 변화할 수 있습니다.

동역자들과 함께하세요.

혼자서는 지칠 수 있습니다. 동료 교사들과 함께 기도하고, 격려하고, 지혜를 나누십시오. 교회 공동체 전체가 성품 교육의 좋은 파트너입니다. 부모님, 담임 목사님, 부서 사역자, 다른 교사들과 협력하십시오.

작은 것에 충실하세요.

거창한 프로그램이나 완벽한 수업보다, 아이들과의 진실한 관계, 따뜻한 말 한마디, 진심 어린 기도가 더 큰 영향을 미칩니다. 작은 일에 충성하는 교사가 되십시오.

기쁨을 잃지 마세요.

교사 사역은 힘들 수 있지만, 동시에 가장 보람된 일입니다. 아이들이 성장하는 모습을 볼 때의 기쁨, 하나님께 쓰임 받는 특권, 영원한 가치를 위해 일하는 의미를 기억하십시오. "주 안에서 항상 기뻐하라"(빌 4:4).

> **"여러분은 아이들에게 성령의 열매를 '가르치는 사람'이 아니라,
> 함께 '열매 맺어가는 동반자'입니다.
> 가르침보다 '함께 살아내는 모습'이 더 강력한 교육입니다."**
>
> 주님의 은혜와 평강이 모든 교사분에게 함께하기를 기도합니다. 우리는 씨를 뿌리고 물을 주는 사람들입니다. 하지만 자라게 하시는 분은 하나님이십니다. 그러므로 우리는 충성되게 우리의 역할을 감당하되, 결과는 하나님께 맡겨야 합니다. 언젠가 우리가 가르친 아이들이 자라서 그들의 삶에 성령의 열매가 가득하기를 기도합니다. 그리고 그들이 또 다른 세대에게 이 아름다운 열매를 전하기를 소망합니다.
>
> "우리가 선을 행하되 낙심하지 말지니 포기하지 아니하면
> 때가 이르매 거두리라" (갈 6:9)

① 아이들에게 성령의 열매를 가르칠 때 가장 어려운 점은 무엇이라고 생각하나요?

② 성령의 열매가 맺히지 않는 아이를 대할 때 어떻게 해야 할까요? 포기해야 할까요, 아니면 계속 기다려야 할까요?

③ 교사로서 당신이 가장 본받고 싶은 성경 인물(사도 바울, 모세, 베드로, 룻, 야고보 등)은 누구이며, 그 이유는 무엇인가요?

④ 나는 성품 교육을 단순한 지식 전달이 아니라 삶의 변화로 인도하고 있나요?

4과

관계가 변화를 만든다

아이의 마음에
다리 놓기

어린 시절, 어떤 선생님이 가장 오래 기억에 남나요?

'내 이름을 따뜻하게 불러준 선생님,

내 이야기를 잘 들어준 선생님, 힘들 때 나의 편이 되어주며

위로와 격려를 해주셨던 선생님'이 주로 기억날 겁니다.

교육학에는 이런 말이 있습니다.

"아이들은 당신이 얼마나 아는지 관심이 없습니다.

먼저 당신이 아이 자신을 얼마나 아끼는지

알기 전까지는요"란 말입니다. 즉, 아이는 선생님의 지식보다

선생님의 마음과 사랑을 먼저 느끼고 싶어 한다는 것입니다.

관계라는 다리가 없다면 진리는 아이들의 마음에 건너가

자리 잡을 수 없습니다. 관계는 타고난 재능이 아니라

배우고 연습할 수 있는 지혜와 같습니다.

이제 아이들의 마음에 다리를 놓는 법을 함께 배워봅시다.

1. 관계 맺기가 왜 중요한지 성경적 근거를 설명할 수 있으며, "가르치기 전에 관계 맺기"가 왜 필수적인지를 이해한다.

2. 첫 만남에서 라포(Rapport)를 형성하는 지혜와 기술을 배우고 이를 우리 반에 적용할 수 있다.

3. 적극적 경청(Active Listening)하는 자세로 아이들을 대하며 아이 한 명을 한 인격으로 존중하고 대우할 수 있는 태도를 기른다.

4. 칭찬과 격려에 대해 이해하며 건강한 경계선의 원칙을 세우고 사랑과 권위의 균형을 지킬 수 있는 역량을 함양한다.

5. 교사와 아이, 아이와 아이, 학부모와 교사 간의 공동체적 관계를 건강하게 형성하며 그리스도의 성육신적 관계 방식을 실천하도록 한다.

관계 맺기가 쉽지 않고 힘들고 어려운 일이지만 그만큼 필수적이고 중요한 일입니다. 교육은 곧 변화를 도모하는 것이며 변화의 시작은 상호 간의 관계의 건강함, 신뢰와 안정, 안전과 존중에서 꽃피우기 때문입니다. 본 장에서 제시된 실천 과제와 질문을 꼼꼼히 살펴보고, 실제 공과 수업이나 아이들과의 관계 속에서 실천할 수 있는 지혜와 역량을 기를 수 있기를 바랍니다. 무엇보다 교사 자신이 먼저 본보기로서 신앙과 성품을 공동체 안에서 꾸준히 성장하고 변화를 나타내는 것, 믿음의 진보를 나타내는 것이 가장 큰 가르침임을 기억하시기 바랍니다.

관계가 먼저다 : 가르치기 전에 건강한 관계가 먼저입니다

Q 나는 현재 아이들과 건강한 관계 형성을 하고 있나요?

Q 내가 관계를 맺는데 경험하는 어려움, 장애물을 나 자신에게서 찾아본다면 무엇 때문일까요?

1) 관계는 복음의 본질입니다.

성경은 인간을 '관계적 존재'(Relational Being)로 설명합니다. 참된 변화는 아이들과 온전한 관계를 맺을 때 시작됩니다. 삼위일체 하나님 또한 성부, 성자, 성령께서 완벽한 사랑과 교제 안에서 존재하시며, 상호 간의 충만과 샬롬, 연합과 기쁨을 누리고 계십니다. 예수님도 제자들과 사랑의 관계를 맺으셨습니다. 사랑 없는 가르침은 지식 전달로 끝나지만, 사랑으로 맺어진 관계는 변화를 만듭니다.

2) 관계는 신앙 형성의 통로가 됩니다.

신앙 교육에서 아이들은 '나를 진심으로 사랑하고 아껴주는 어른이 믿는 하나님은 어떤 분인가'를 봅니다. 또한 교사와 아이 간의 상호 관계 속에서 신뢰를 쌓고 성장하며 신앙을 배웁니다. 즉, 신앙은 '관계 속에서 전이되는 믿음'입니다. 하나님과의 관계가 아이들과의 관계 속에서 구체화 되고, 이 관계 안에서 아이들은 하나님의 사랑을 체험적으로 배우게 됩니다.

02

(첫) 만남의 중요성 : 라포(Rapport) 형성하기

1) 라포란 무엇인가요?

'라포'(Rapport)는 프랑스어로 '다리를 놓는다'는 뜻입니다. 즉, 교사와 아이 사이에 신뢰와 안정, 안전과 상호 존중의 다리를 놓는 것입니다. 교육심리학에서는 라포를 '교사-아이 상호 간의 심리적 안전지대'라고 말합니다. "선생님은 내 편이야." 이 확신이 생기는 순간, 아이의 마음 문은 자연스럽게 열립니다. 복음의 진리는 그 문을 통해 들어갑니다.

2) 왜 라포 형성이 중요한가요?

보통 첫 만남의 인상은 아주 이른 시간(10~30초) 안에 결정된다고 합니다. 아이는 교사의 표정, 눈빛, 태도, 목소리로 '안전함, 안정감'을 느끼고 판단합니다. 처음 몇 초는 '심리적 계약'을 맺는 순간입니다.

- 선생님이 나를 어떻게 바라보는가? (시선)
- 선생님의 표정이 따뜻한가, 차갑고 무표정한가? (표정)
- 선생님의 목소리 톤이 부드러운가, 딱딱한가, 무미건조한가? (음성)
- 선생님이 내 이름과 형편을 잘 알고 있는가? (관심)

신뢰는 복음의 문을 여는 첫 단추입니다. 예수님 또한 제자들을 부르실 때 그들의 이름을 직접 호명하시며 그들이 살아가던 삶의 자리로 먼저 찾아가 만나 주셨습니다. 라포는 사랑의 첫걸음입니다. 따스한 마음으로 이름을 불러주는 것은 그 아이의 존재를 인정하고 존중한다는 첫걸음입니다.

03

라포를 형성하는 구체적인 방법

1) 첫인상 준비하기

- 예배 전 미리 웃는 얼굴로 맞이하기

- 옷차림, 눈빛, 말투, 태도, 비언어적 의사소통에서 "너를 축복해, 환영해"를 표현하기

2) 이름 기억하기

- 수첩이나 반 노트에 이름 옆에 특징 / 관심사 / 취미 등 기록하기 (사랑은 기억입니다)

3) 개학 전 라포 미션

- 첫 주에 '우리 반 포토 보드' 만들기(함께 사진 찍기, 기도 제목 붙이기)

4) 1:1 대화 시간 만들기

- 첫 수업에서 아이 한 명씩 1~2분 집중해서 대화해주기

- 아이의 말을 중간에 끊지 말고 끝까지 들어주기

5) 신뢰 쌓기 루틴

- 약속은 반드시 지키기 (간식 약속 등)
- '한결같은 태도'로 일관성 있게 대하기신뢰는 일관성에서 나온다

6) 반 공동체 만들기

- '우리 반 이름 정하기', '서로 축복하기 카드' '기도제목 카드 나눔' 등으로 공동체 내에서 정체감 형성

7) 교사의 자기 개방

- 교사도 자신의 이야기를 조금 나누며 "나도 실수하고 성장하며 배우는 중이야"라는 메시지 전달하기

Q 아이와 라포를 형성하는 나만의 비결, 방법이 있나요? 위에 기술되지 않은 방법이 있다면 나누어 봅시다.

경청의 기술 : 듣는 것이 사랑이다.

1) 경청은 무엇일까요?

'경청'(Active Listening)은 단순히 귀로 듣는 것이 아니라 마음으로 들어 주는 태도입니다. 말을 듣는 동안 상대의 감정과 생각을 존중하며, 판단하거나 끼어들지 않고 온전히 집중하는 것입니다. 또한 경청은 사랑의 다른 표현입니다. 아이의 말을 끝까지 들어주는 순간, 아이는 '나는 존중받는 존재야'라는 확신을 얻게 됩니다.

2) 경청이 왜 중요할까요?

경청은 신뢰의 문을 여는 첫걸음입니다. 아이들은 자신이 존중받는다고 느낄 때 비로소 교사에게 마음을 엽니다. 경청은 관계를 회복시키는 힘이 있습니다. 아이가 불안하거나 반항적일수록, 누군가 자신의 말을 진심으로 들어줄 때 마음의 문이 열립니다.

또한 듣는 교사는 '감정의 안전지대'를 만들어 줍니다. 오늘날 아이들은 경쟁과 비교, 판단 속에서 자신의 목소리(이야기, 스토리)를 잃고 있습니다. 교사가 진심으로 들어주는 그 순간이 바로 하나님께서 일하시는 통로가 됩니다. 따라서 경청은 존중의 언어입니다. 경청은 상대방에게 이런 메시지를 전달합니다.

> "너는 소중한 존재야"
>
> "네 이야기는 들을 만한 가치가 있어"
>
> "나는 네 생각과 감정을 존중해"
>
> "너는 혼자가 아니야, 내가 함께 있어"

3) 적극적 경청의 3단계 기술

1단계 눈 맞추기 (Eye Contact)

[의미]

- "나는 지금 네게 집중하고 있어"
- "다른 것보다 네가 중요해"

[실천 방법]

- 아이가 말할 때 핸드폰 내려놓기
- 다른 일(출석 체크, 교재 정리) 멈추기
- 아이의 눈높이에 맞춰 앉거나 무릎 굽혀 보기
- 부드러운 시선으로 응시하기

2단계 몸 기울이기 (Body Language)

[의미]

- "나는 네 이야기를 놓치고 싶지 않아"

- "네 이야기가 즐겁고 재미있어, 관심이 있어"

[실천 방법]

- 상체를 아이 쪽으로 살짝 기울이기

- 팔짱을 끼거나 뒤로 기대는 등 방어적 자세 피하기

- 고개를 끄덕이며 듣기 ("응, 그렇지", "그래, 맞아", "음")

- 표정으로 반응하기 (놀람, 공감, 관심)

[예 : 비언어적 메시지의 중요성]

- 말의 내용(Content) : 7%

- 목소리 톤(Tone) : 38%

- 신체 언어(Body Language) : 55%

우리가 '무엇을' 말하는가보다 '어떻게' 말하는가가 더 큰 영향을 미칩니다.

[의미]

- "내가 네 말을 제대로 이해했는지 확인하고 싶어"

- "네 감정을 나도 함께 느끼고 있어"

- '반영하기'란 아이가 한 말을 다른 말로 바꿔서 되돌려주는 것을 의미함

- 아이는 "선생님이 내 말에 집중하고 내 뜻을 잘 이해했구나"를 확신하게 됨

- 아이 스스로의 생각과 느낌, 감정을 더 명확히 인식하고 대화를 더 깊이 있게 이어갈 수 있게 도와줌

[실천 방법]

- 내용 반영 (Content Reflection) 아이의 말을 요약해서 되돌려주기

  - 아이 : "요즘 학교에서 친구들이 저를 놀려요. 제가 뭘 해도 웃어요."
  - 교사 : "친구들이 너를 자꾸 놀리니까 힘들겠구나."

- 감정 반영 (Emotion Reflection) 아이의 감정을 명명해주기

  - 아이 : "시험을 망쳤어요. 열심히 공부했는데..."
  - 교사 : "열심히 준비했는데 결과가 좋지 않아서 속상하고 억울한 마음이 들겠다."

- 의미 반영 (Meaning Reflection) 아이의 말 뒤에 숨은 깊은 의미 짚어주기

  - 아이 : "어차피 저는 못 하는 게 많아요."
  - 교사 : "네가 요즘 자신감이 많이 떨어진 것 같구나. 혹시 네가 잘하는 것들을 잊어버린 건 아닐까?"

[경청할 때 주의해야 할 것들]

- 판단하며 듣기 (Listening to Judge)

    - 아이 : "저 요즘 게임을 하루에 5시간씩 해요."

    - 나쁜 반응 : "뭐? 5시간이나? 그러니까 성적이 떨어지지!"

    - 좋은 반응 : "5시간이나…. 요즘 게임이 너한테 어떤 의미인지 궁금한데?"

- 조언부터 하기 (Listening to Fix)

    - 아이 : "선생님, 저 친구랑 싸웠어요."

    - 나쁜 반응 : "그럼 먼저 가서 사과해. 그게 답이야."

    - 좋은 반응 : "그랬구나. 무슨 일이 있었는지 들려줄 수 있어?"

- 자기 경험으로 끼어들기 (Listening to Relate)

    - 아이 : "요즘 부모님이 자꾸 공부하라고만 하셔서 스트레스예요."

    - 나쁜 반응 : "아, 나도 그랬어! 내가 아이 때는 말이야…" (자기 이야기로 전환)

    - 좋은 반응 : "부모님 말씀이 부담스럽게 느껴지는구나.

        어떤 점이 제일 힘들어?"

공감의 기술 : 아이의 세계로 들어가기

1) 공감이란 무엇일까요?

'공감'(Empathy)은 단순히 동정(Sympathy)과는 다릅니다. 동정은 '안됐다'라고 느끼는 것이지만, 공감은 상대의 마음속으로 들어가 감정과 마음, 생각을 느끼는 것입니다. 다시 말해 공감은 '상대의 입장에 서서 그의 마음을 깊이 있게 헤아려 주는 것'입니다.

2) 아이에게 공감이 어려운 상황

① 논리적으로 맞지 않는 주장을 할 때

아이의 감정과 정서는 인정하되, 더 깊은 사고와 논리 가운데 나아갈 수 있도록 도와주어야 합니다.

② 욕설이나 비방을 할 때

공감은 무조건적 허용이 아닙니다. 교사는 아이가 온유한 말과 건강한 표현을 할 수 있도록 지도해야 합니다.

③ 상황에 맞지 않는 농담이나 개그를 할 때

분위기를 가볍게 만들거나 재미있게 하고 싶었던 의도를 읽어주되, 그것이 누군가에겐 불편할 수 있으니 분위기와 타이밍(사회적 맥락)을 생각할 수 있도록 인도해 주는 것이 필요합니다.

④ 도저히 들어줄 수 없는 요청을 할 때

간절한 마음은 이해하나 그 요청은 무리이고 적절하지 않다는 것을 분명하게 말해주고, 대신 할 수 있는 방법을 함께 찾아보자고 이끌어 주는 것이 필요합니다.

Q 최근 아이와의 대화 속에서 내가 충분히 공감하지 못했던 장면을 떠올려 보세요. 내가 공감하지 못했던 이유는 무엇인가요? 그 장면으로 되돌아가 아이의 마음에 공감해 본다면 어떤 말을 해줄 수 있을까요?

- 나는 아이의 말을 끊지 않고 끝까지 듣고 있나요?
- 나는 "그래도", "하지만"이란 말로 아이의 감정을 부정하지는 않나요?
- 나는 해결책을 급히 제시해보기단 감정에 먼저 공감해 주고 있나요?
- 아이의 상황을 내 기준과 뜻대로 앞서서 판단하지 않고 있나요?

3) 아이 상황에 따른 공감 대화 예시

① 성적 및 진로 문제 (불안과 압박감)

- **상황** : "쌤, 저 이번 기말 완전히 망했어요. 부모님께 어떻게 말씀드려야 할지도 모르겠고, 그냥 다 포기하고 싶은 마음이에요."
- **공감의 핵심** : 결과를 수정해 주려 하거나 "다음에 잘하면 되지"라는 성급한 위로나 해결책 제시를 지양하고, 현재의 절망감, 속상함, 불안에 대해 공감해 주기
- **잘못된 예** : "공부가 인생 전부는 아니야" "다음에 잘보면 되지" (감정의 차단)
- **실천 예시** : "감정에 머물러 주기" "존재 인정하기"

[**감정에 머물러 주기**] "정말 속상했구나, 노력 많이 했는데 실망도 클 것 같고, 부모님에 대한 걱정까지 더해져서 마음이 무겁겠구나"

[**존재 인정하기**] "성적이 너의 가치를 결정하는 건 아니야. 지금 네가 느끼는 실망감, 답답함, 속상함은 충분히 느낄 수 있는 감정이야. 선생님이 도울 수 있는 일이 있다면 도와줄게"

② 관계의 단절 및 소외 (외로움과 분노)

- **상황** : "교회 애들은 다 끼리끼리 노는 것 같아요. 저는 여기 와도 별로 반겨주는 사람도 없고, 그냥 저랑 안 맞는 것 같아요. 이제 교회 그만두려구요."
- **공감의 핵심** : "교회는 그러면 안 되지"라는 당위를 내세우기보다는, 아이가 먼저 느끼는 소외감을 인정하고 공동체 내에서의 상처를 보듬어 주기
- **잘못된 예** : "네가 먼저 다가가봐, 다들 착한 애들이야" (책임 전가, 비난으로 들릴 수 있음)
- **실천 예시** : "경험 수용" "관심 표현"

[경험 수용] "그런 기분이 들었다니 정말 소외감을 느꼈을 것 같다. 환영받고 축복받아야 할 공동체에서 외로움을 느꼈다고 하니 쌤도 정말 속상하네"

[관심 표현] "네가 그렇게 느끼는 줄 미처 몰랐어. 우리 교회에 어떤 마음으로 왔을지 생각하니, 쌤으로서 정말 미안해. 어떤 순간에 조금 더 힘들고 어려웠는지 말해 줄 수 있니? 쌤하고 같이 방법을 찾아보자"

③ 신앙적 회의감 (혼란과 죄책감)

- **상황** : "하나님이 실제 계신지 잘 모르겠어요. 기도해도 응답도 없고, 제 삶이 더 나아지는 것 같지도 않구요. 세상은 불공평하고 교회 사람들도 너무 가식적이고 위선적인 것 같아요."
- **공감의 핵심** : '믿음이 부족하다'고 비판하기보다는 진리를 찾는 과정에서 겪는 혼란을 긍정적으로 재정의하기
- **잘못된 예** : "의심하지 말고 그냥 일단 믿어봐, 기도가 부족해서 그래", "원래 세상은 다 악한거야, 그냥 다들 그렇게 살아" (정죄)
- **실천 예시** : "지적·영적 정직함 인정" "동질감 형성"

[지적·영적 정직함 인정] "하나님의 존재에 대해 깊이 고민하고 있구나. 너는 정말 신앙을 진지하게 대하고 있는 것 같아. 정직하고 솔직한 것은 하나님 앞에 좋은 태도야"

[동질감 형성] "쌤도 중딩 때 너와 같은 의문이 들어서 교회에 더 이상 다니지 말까 심각하게 고민한 적도 있었어. 진리를 찾아가는 과정에서 겪는 질문과 회의가 있는 것 같아. 쌤이랑 앞으로 계속 같이 이것에 대해 이야기해 보지 않을래?"

4) 공감은 왜 중요한가요?

로마서 12:15에 보면 "즐거워하는 자들과 함께 즐거워하고, 우는 자들과 함께 울라"고 말씀합니다. 예수님은 단지 가르치신 분이 아니라 인간의 감정 안으로 깊이 들어오신 하나님이셨습니다. 요한복음 11장에서 예수님은 나사로의 죽음 앞에서 함께 우셨습니다.

즉, 공감은 성육신(Incarnation)의 연장선입니다. 하나님께서 우리 가운데 오셔서 함께 하신 것처럼, 교사도 아이의 기쁨과 아픔 안으로 함께 들어가는 것이 공감의 사역입니다.

공감은 아이의 마음 문을 여는 열쇠입니다. 아이들은 때로 날카로운 논리보다 따뜻한 '감정'을 통해 '진심'을 알아봅니다. 공감은 교사의 권위를 사랑으로 바꿉니다. 지시와 통제 대신 이해로 접근할 때, 교사는 권위자가 아니라 동행자로 인식됩니다. 또한 공감은 신앙을 실제로 경험하게 합니다. "예수님만은 나를 이해하신다"라는 진리를, 교사의 공감을 통해 아이는 체험합니다.

감정을 먼저 지지해주고 인정해 주기

예 : "그럴 때 속상했겠다." "선생님도 그랬던 적이 있어."

감정 확인 질문하기

예 : "지금 네 마음은 어떠니?", "그때 너의 기분이 어땠어?"

아이의 세계 이해하기

예 : 아이가 좋아하는 게임, 유행어(줄임표현), 음악, OTT 콘텐츠 등을 '배우기' 즉, 공감의 언어로 다가가기

감정 공유 시간

예 : 예배 후 "오늘 나의 기분 온도" 나눠보기 / 카드, 이모티콘 등 시각화

5) 실습

그룹이면 둘씩 짝을 지어 아래 내용으로 아이와 교사 역할을 실습해 보겠습니다.

- **아이** : "쌤, 저 이번 기말 완전히 망했어요. 부모님께 어떻게 말씀드려야 할지도 모르겠고, 그냥 다 포기하고 싶은 마음이에요."

- **교사** : ____

____

____

____

- **아이** : "교회 애들은 다 끼리끼리 노는 것 같아요. 저는 여기 와도 별로 반겨주는 사람도 없고, 그냥 저랑 안 맞는 것 같아요. 이제 교회 그만두려구요."

- **교사** :

- **아이** : "부모님이 심하게 싸우셨어요. 그래서 집에 들어가기 싫고, 너무 무서워요"

- **교사** :

- **아이** : "전 제가 너무 싫어요. 딱히 공부나 춤이나 잘하는 것도 없고, 외모도 너무 싫어요. 그냥 죽고 싶어요"

- **교사** :

- **아이** : "예배가 너무 길어요. 지루하고 재미 없어요. 쌤이 잘하시면 지루하지 않겠죠. 저 먼

  저 일어나도 되죠?"

- **교사** :

  _______________________________를 가르치다

  ____

  ____

  ____

- **아이** : "OOO랑 사귀기로 했는데 자꾸 스킨쉽을 요구해요. 키스 정도는 괜찮지요?"

- **교사** :

  ____

  ____

  ____

  ____

칭찬과 격려 : 긍정적 관계의 연료

1) 칭찬과 격려가 중요한 이유는 무엇일까요?

칭찬과 격려는 하나님의 은혜와 자비를 반영하며, 아이의 삶에 변화와 동기부여를 가져옵니다. 성경적으로는 에베소서 4:29, "악한 말은 하지 말고, 오직 덕을 세우는 말"을 하라고 권면합니다. 예수님께서도 제자들을 칭찬하며 격려하셨고(마 16:17-19), 이는 공동체 성품 형성의 중요한 부분입니다.

2) 실천 및 적용

① 구체적이고 진심 어린 칭찬과 격려를 습관화하기

    예 : "오늘 너의 용기 있는 말이 정말 감동적이었어"

② 아이의 강점과 노력에 초점 맞추기, 작은 성공도 인정하기

③ '격려 카드' 또는 '칭찬 노트' 활용, 함께 성장하는 경험 공유

④ 매 수업 시작과 마무리 때 개별 아이들의 칭찬 포인트 찾기

    (공적인 칭찬과 사적인 칭찬 분별하기)

경계선(Boundaries) 설정 : 사랑과 한계의 균형

베이직 - 교리를 가르치다

1) 경계선이란 무엇인가요?

'경계선'(Boundary)은 관계 안에서 '너'와 '나'의 마음과 건강한 관계를 지키기 위한 사랑의 선입니다. 이는 거리 두기가 아니라, 교사와 아이 모두의 영적·심리적·관계적 안전망입니다.

2) 경계선이 왜 중요한가요?

진정한 사랑에도 명확한 경계선이 필요합니다. 경계가 명확할 때 관계는 더 깊고 안전하게 성장합니다. 건강한 경계선이 없으면 교사는 소진되기 쉽고, 아이는 혼란스러우며, 관계는 왜곡되고, 안전이 위협받을 수 있습니다. 교사 자신을 지키고 아이를 사랑으로 대하기 위해서는 안전한 경계선이 모두에게 필요합니다.

3) 하나님은 사랑과 질서의 하나님입니다.

고린도전서 14장 40절을 보면 "모든 것을 품위 있게 하고 질서 있게 하라."고 나옵니다. 예수님도 제자들과 가까이하셨지만, 선생으로서의 위치와 품위, 그리고 그 권위는 분명히 구별되어 있었습니다. 경계선은 '차별'이 아니라 '존중의 표현'이며, 경계가 있는 사랑은 하나님이 우리를 사랑하시는 방식입니다. 경계선을 설정하는 것은 관계를 안전하게 만들고 안전한 울타리 속에서 우리의 관계는 더욱 확장될 수 있습니다.

영역 1 신체적 경계선

① 왜 중요한가?

- 아동 보호법상 필수
- 아이와 교사 모두의 안전 도모
- 건강한 관계의 기초

② 허용되는 신체 접촉

- 하이파이브, 악수
- 단체 포옹 (여러 아이들과 함께)

④ 피해야 할 신체 접촉

- 1:1 밀폐된 공간에서의 접촉
- 아이가 불편해하는데도 계속하는 접촉
- 가슴, 엉덩이, 허벅지 등 민감 부위 접촉
- 지나치게 오래, 자주 하는 포옹

⑤ 원칙

- 아이가 거부하면 즉시 멈추기

- 공개된 장소에서만

- 같은 성별 교사가 돌보기 (가능하면)

- "안돼, No"라고 말할 권리 가르치기

① 교사의 경계선

- 교사도 자신의 시간과 에너지를 보호할 권리가 있습니다.

② 건강한 경계선

- "평일 저녁 9시 이후에는 카톡, 인스타 DM 등 답장이 늦을 수 있어요."

- "개인적인 질문이나 대화는 수업 전후에 일대일로 만나서 하자"

- "너희들이 싫어하는 것은 선생님도 싫어요."

③ 불건강한 패턴

- 밤낮없이 아이들의 중요하지 않은 대화에 즉각 응답하기

- 개인 생활의 우선순위 없이 모든 시간을 아이들에게 쏟음

- 자신의 필요나 가정의 상황을 무시하고 계속 무조건적인 헌신

이는 장기적으로 번아웃으로 이어지게 되고, 중요한 사역 현장이자 목적인 가정을 힘들게 하는 요인이 되기도 합니다. 하지만 언제나 아이들의 뒤에는 선생님이 있고, 언제든 기댈 수 있는 변함없는 어른 임을 인지하도록 해주십시오.

④ 핵심

- 나를 돌보는 것은 이기적인 게 아니라, 오래 섬기기 위한 지혜입니다.

영역 3 정서적 경계선

① 과도한 친밀감의 위험

- 아이와 "친구처럼" 지내려다 보면 역할의 혼란이 생깁니다.

② 경계선이 무너진 관계

- 아이에게 교사 자신의 깊은 개인 문제를 털어놓음
- 아이를 정서적 지지자로 삼음
- 선생님의 비밀고백으로 '우리 둘만의 비밀' 만들기
- 특정 아이에게 과도하게 의존, 지나치게 연락하기

③ 건강한 정서적 경계선

- 교사는 친구가 아니라 어른이고 리더라는 것을 늘 기억하기
- 개인적 어려움은 동료 교사나 멘토와 나눔
- 모든 아이들을 공평, 공정하게 대함

① 지켜야 할 것

- 아이가 털어놓은 개인적 이야기는 절대 비밀 유지

- 아이의 가정 상황을 함부로 다른 사람에게 말하지 않기

- 아이 사진을 SNS에 올릴 때 아이와 부모님에게 동의받기

- 아이가 마음을 열 때까지 기다려주기

- 아이의 정보에 대해 편견을 갖기보단 상황과 여건, 동기를 이해하기

② 절대 하지 말아야 할 것

- 부모와 나눈 대화를 아이에게 말하기 (예 : "너희 엄마가 그러는데...")

- 다른 아이들 앞에서 한 아이의 민감한 정보 공개

- 자신의 개인적인 상황에 대해 자주 오픈하며 이해를 구하기

- SNS에 아이에 대해 의견, 평가, 조언하는 내용의 글 올리기

- 외모, 패션, 학교 성적에 대한 말

- 직·간접적으로 타인과 비교가 될 수 있는 말

③ 예외 : 반드시 보고해야 하는 경우

- 아동 학대 의심

- 자해나 자살 위험

- 범죄 관련 정보

  ≫ 이런 경우 즉시 담임목사, 담당 교역자, 부모, 전문가에게 절차에 따라 보고

관계는 하루아침에 세워지지 않습니다. 하지만 매주 한 걸음씩, 아이의 마음에 다리를 놓는다면 그 다리를 통해 아이들은 예수님을 만나게 될 것입니다. 교회학교 교사는 단순히 가르치는 사람이 아니라, 하나님의 사랑을 연결하는 다리공(Bridge Builder)입니다.

당신의 미소, 인내, 경청, 그리고 기도가 곧 복음의 통로가 됩니다. 복음의 전달을 맡은 귀한 사명자로 깊은 이해와 관계를 통해 한 아이가 변화하는 것을 교사로서 경험할 수 있기를 소원합니다.

❶ 오늘의 교육을 통해 새롭게 알고 느끼고 깨닫게 된 점은 무엇입니까?

❷ 나의 교회 교육에 구체적으로 적용할 점은 무엇입니까?

❸ 우리 교회 부서 교육에서 새롭게 실천해야 할 점은 무엇입니까?